大方廣佛華嚴經 讀誦

25

일러두기

1. 『독송본 한문 · 한글역 대방광불화엄경』은 실차난타가 한역(695~699)한 80권 『대방광불화엄경』의 한문 원문과 한글역을 함께 수록한 것이다. 한문에는 음사와 현토를 부기하였다.

2. 원문의 저본은 고종 2년(1865) 월정사에서 인경한 고려대장경 『대방광불화엄경』에 한암 스님이 현토(1949년)한 것을 범룡 스님이 영인 출판(1990년)한 『대방광불화엄경』이다.

3. 한문은 저본에서 누락되었거나 글자가 다르다고 판단된 부분은 저본인 고려대장경 각권의 말미에 교감되어 있는 내용을 중심으로 하고 봉은사판 『대방광불화엄경수소연의초』와 신수대장경 각주에서 밝힌 교감본을 참조하여 보입하고 수정하였다.

4. 한글 번역은 동국역경원에서 발간한 한글 『대방광불화엄경』(운허)을 중심으로 하고 『신화엄경합론』(탄허)과 『대방광불화엄경 강설』(여천무비) 그리고 최근의 여타 번역본 등을 참조하였다.

5. 저본의 원문에서 이체자의 경우 훈글이 제공하는 이체자는 그대로 살리고 훈글이 제공하지 않는 글자는 통용되는 정자로 바꾸었다. 예) 間 → 閒 / 焰 → 燄 / 宫 → 宮 / 偁 → 稱

6. 한글 번역은 독송과 사경을 위하여 정확성과 아울러 가독성을 고려하였다. 극존칭은 부처님과 불경계에 대해서만 사용하였다.

7. 독송본의 차례는 일러두기 → 본문 → 화엄경 목차 → 간행사의 순차이다.
   (법공양판에는 간행사 다음에 간행불사 동참자를 밝혀 두었다.)

8. 독송본의 한글역은 사경의 편의를 도모하기 위해 그 편집을 달리하여 『사경본 한글역 대방광불화엄경』으로 함께 간행한다. 독송본과 사경본 모두 80권 『대방광불화엄경』의 권별 목차 순으로 간행한다.

독송본 한문 · 한글역

대방광불화엄경 제25권

大方廣佛華嚴經 卷第二十五

25. 십회향품 [3]

十迴向品 第二十五之三

실차난타 한역
수미해주 한글역

대방광불화엄경 제25권 변상도

대방광불화엄경

제25권

25. 십회향품 [3]

대방광불화엄경 권제이십오
大方廣佛華嚴經 卷第二十五

십회향품 제이십오지삼
十迴向品 第二十五之三

불자 운하위보살마하살 무진공덕장회향
佛子야 **云何爲菩薩摩訶薩**의 **無盡功德藏迴向**고

불자 차보살마하살 이참제일체제업중
佛子야 **此菩薩摩訶薩**이 **以懺除一切諸業重**

대방광불화엄경 제25권

25. 십회향품 [3]

"불자들이여, 무엇을 보살마하살의 다함없는 공덕장회향이라 하는가?

불자들이여, 이 보살마하살이 일체 모든 업의 무거운 장애를 참회하여 없앰으로써 일으

장 소기선근 예경삼세일체제불 소
障하야 所起善根과 禮敬三世一切諸佛하야 所

기선근 권청일체제불설법 소기선근
起善根과 勸請一切諸佛說法하야 所起善根과

문불설법 정근수습 오부사의광대경
聞佛說法하고 精勤修習하야 悟不思議廣大境

계 소기선근
界하야 所起善根이니라

어거래금일체제불일체중생 소유선근
於去來今一切諸佛一切衆生의 所有善根에

개생수희 소기선근 거래금세일체제불
皆生隨喜하야 所起善根과 去來今世一切諸佛의

선근무진 제보살중 정근수습 소득선
善根無盡을 諸菩薩衆이 精勤修習하야 所得善

근
根이니라

킨 선근과, 삼세의 일체 모든 부처님께 예경하여 일으킨 선근과, 일체 모든 부처님께 설법하시기를 권청하여 일으킨 선근과, 부처님의 설법을 듣고 부지런히 닦아 익혀 부사의한 넓고 큰 경계를 깨달아 일으킨 선근이다.

과거와 미래와 현재의 일체 모든 부처님과 일체 중생에게 있는 선근을 다 따라 기뻐함을 내어 일으킨 선근과, 과거와 미래와 현재의 일체 모든 부처님의 선근이 다함없음을 모든 보살 대중들이 부지런히 닦아 익혀 얻은 선근이다.

삼세 모든 부처님께서 등정각을 이루시고 바

삼세제불 성등정각 전정법륜 조복
三世諸佛이 成等正覺하사 轉正法輪하사 調伏

중생 보살 실지 발수희심 소생선
衆生을 菩薩이 悉知하야 發隨喜心하야 所生善

근
根이니라

삼세제불 종초발심 수보살행 성최
三世諸佛이 從初發心으로 修菩薩行하사 成最

정각 내지시현입반열반 반열반이
正覺하시며 乃至示現入般涅槃하시고 般涅槃已에

정법주세 내지멸진 어여시등 개생수희
正法住世로 乃至滅盡히 於如是等에 皆生隨喜하야

소유선근
所有善根이니라

른 법륜을 굴리어 중생들을 조복하시는 것을 보살이 모두 알아서 따라 기뻐하는 마음을 내어 생긴 선근이다.

삼세 모든 부처님께서 처음 발심하여 보살행을 닦아 최정각을 이루시며, 내지 반열반에 드심을 나타내 보이시고, 열반에 들고서는 바른 법이 세상에 머무르며 내지 멸하여 다하는, 이와 같은 것 등에 다 따라 기뻐함을 내어 있는 바 선근이다.

보살이 이와 같이 말할 수 없는 모든 부처님

보살 여시념불가설제불경계 급자경계
菩薩이 如是念不可說諸佛境界와 及自境界와

내지보리무장애경
乃至菩提無障礙境하나니라

여시광대무량차별 일체선근 범소적집
如是廣大無量差別인 一切善根의 凡所積集과

범소신해 범소수희 범소원만 범소성취
凡所信解와 凡所隨喜와 凡所圓滿과 凡所成就와

범소수행 범소획득 범소지각 범소섭
凡所修行과 凡所獲得과 凡所知覺과 凡所攝

지 범소증장 실이회향 장엄일체제
持와 凡所增長으로 悉以迴向하야 莊嚴一切諸

불국토
佛國土니라

의 경계와 자기의 경계와 내지 보리의 장애 없는 경계를 생각한다.

이와 같이 광대하고 한량없이 차별한 일체 선근으로 쌓아 모은 것과, 믿고 이해한 것과, 따라 기뻐한 것과, 원만한 것과, 성취한 것과, 수행한 것과, 얻은 것과, 알고 느낀 것과, 거두어 지닌 것과, 증장한 것을 모두 회향하여 일체 모든 부처님의 국토를 장엄한다.

과거세 끝없는 겁의 일체 세계가 일체 여래께서 행하시던 곳과 같다.

여과거세무변제겁 일체세계 일체여래
如過去世無邊際劫에 一切世界가 一切如來의

소행지처 소위무량무수불세계종 불지
所行之處니 所謂無量無數佛世界種의 佛智

소지 보살소식 대심소수 장엄불찰
所知와 菩薩所識과 大心所受인 莊嚴佛刹이니라

청정업행 소류소인 응중생기 여래신
淸淨業行의 所流所引이며 應衆生起며 如來神

력지소시현 제불출세 정업소성 보
力之所示現이며 諸佛出世한 淨業所成이며 普

현보살 묘행소흥
賢菩薩의 妙行所興이니라

일체제불 어중성도 시현종종자재신
一切諸佛이 於中成道하사 示現種種自在神

력
力하시니라

이른바 한량없고 수없는 부처님 세계종이 부처님의 지혜로 아시는 바이며, 보살의 아는 바이며, 큰 마음으로 받아들인 바인 장엄한 부처님 세계이다.

청정한 업과 행으로 흘러나온 것이고 이끌어온 것이며, 중생에 응하여 일어난 것이며, 여래의 신력으로 나타내 보인 것이며, 모든 부처님의 세간에 출현하신 청정한 업으로 이룬 것이며, 보현 보살의 미묘한 행으로 일으킨 것이다.

일체 모든 부처님께서 이 가운데서 성도하시고 갖가지 자재한 위신력을 나타내 보이셨다.

진미래제 소유여래응정등각 변법계
盡未來際의 所有如來應正等覺이 徧法界

주 당성불도 당득일체청정장엄공덕불
住하사 當成佛道하고 當得一切淸淨莊嚴功德佛

토 진법계허공계 무변무제 무단무
土하사대 盡法界虛空界에 無邊無際하며 無斷無

진 개종여래지혜소생 무량묘보지소
盡하니 皆從如來智慧所生이며 無量妙寶之所

장엄
莊嚴이니라

소위일체향장엄 일체화장엄 일체의장
所謂一切香莊嚴과 一切華莊嚴과 一切衣莊

엄 일체공덕장장엄 일체제불력장엄 일
嚴과 一切功德藏莊嚴과 一切諸佛力莊嚴과 一

체불국토장엄
切佛國土莊嚴이라

미래제가 다하도록 계시는 여래 응공 정등각께서 법계에 두루 머무르시며 앞으로 불도를 이루시고 마땅히 일체 청정하게 장엄한 공덕의 불토를 얻으시되, 온 법계 허공계에 가없고 경계가 없으며 끊어짐이 없고 다함도 없으니, 다 여래의 지혜에서 생기는 것이며 한량없는 미묘한 보배로 장엄하는 것이다.

이른바 일체 향 장엄과 일체 꽃 장엄과 일체 옷 장엄과 일체 공덕장 장엄과 일체 모든 부처님의 힘 장엄과 일체 부처님의 국토 장엄이다.

여래께서 도읍하신 곳이며, 불가사의한 함께

여래소도 불가사의동행숙연제청정중
如來所都며 不可思議同行宿緣諸淸淨衆이

어중지주 미래세중 당성정각 일체
於中止住하야 未來世中에 當成正覺하리니 一切

제불지소성취 비세소도 보살정안
諸佛之所成就라 非世所覩요 菩薩淨眼이라야

내능조견
乃能照見이니라

차제보살 구대위덕 숙식선근 지일
此諸菩薩이 具大威德하야 宿植善根일새 知一

체법 여환여화 보행보살제청정업
切法이 如幻如化하며 普行菩薩諸淸淨業하며

입부사의자재삼매 선교방편 능작불
入不思議自在三昧하며 善巧方便으로 能作佛

사 방불광명 보조세간 무유한극
事하며 放佛光明하야 普照世間을 無有限極하니라

행하던 숙세 인연의 모든 청정 대중이 그 가운데 머무르며 미래세 가운데 정각을 이루실 일체 모든 부처님의 성취하시는 바이다. 세간의 볼 바가 아니고 보살의 깨끗한 눈이라야 이에 비추어 볼 수 있다.

이 모든 보살들이 큰 위덕을 갖추고 숙세에 선근을 심었으니 일체 법이 환과 같고 변화와 같음을 알며, 보살의 모든 청정한 업을 널리 행하며, 부사의하게 자재한 삼매에 들어가 선교 방편으로 능히 불사를 지으며, 부처님의 광명을 놓아 세간을 널리 비추되 한정된 끝이 없다.

현재일체제불세존 실역여시장엄세계
現在一切諸佛世尊도 悉亦如是莊嚴世界하사대

무량형상 무량광색 실시공덕지소성취
無量形相과 無量光色이 悉是功德之所成就며

무량향 무량보 무량수 무수장엄 무
無量香과 無量寶와 無量樹와 無數莊嚴과 無

수궁전 무수음성 수순숙연제선지식
數宮殿과 無數音聲이며 隨順宿緣諸善知識하야

시현일체공덕장엄 무유궁진
示現一切功德莊嚴호대 無有窮盡하니라

소위일체향장엄 일체만장엄 일체말향
所謂一切香莊嚴과 一切鬘莊嚴과 一切末香

장엄 일체보장엄 일체번장엄 일체보증
莊嚴과 一切寶莊嚴과 一切幡莊嚴과 一切寶繒

채장엄 일체보난순장엄 아승지금망장
綵莊嚴과 一切寶欄楯莊嚴과 阿僧祇金網莊

현재의 일체 모든 부처님 세존께서도 다 또한 이와 같이 세계를 장엄하시니, 한량없는 형상과 한량없는 광명의 빛이 모두 공덕으로 성취한 것이다. 한량없는 향과 한량없는 보배와 한량없는 나무와 수없는 장엄과 수없는 궁전과 수없는 음성이다. 숙세 인연의 모든 선지식을 수순하여 일체 공덕의 장엄을 나타내 보인 것이 끝까지 다함이 없다.

이른바 일체 향 장엄과, 일체 화만 장엄과, 일체 가루향 장엄과, 일체 보배 장엄과, 일체 깃발 장엄과, 일체 보배 채색비단 장엄과, 일체 보배 난간 장엄과, 아승지 금그물 장엄과,

엄 아승지하장엄 아승지운우장엄 아승
嚴과 阿僧祇河莊嚴과 阿僧祇雲雨莊嚴과 阿僧

지음악 주미묘음
祇音樂이 奏微妙音하니라

여시등무량무수장엄지구 장엄일체진법
如是等無量無數莊嚴之具로 莊嚴一切盡法

계허공계 시방무량종종업기 불소요지
界虛空界에 十方無量種種業起한 佛所了知와

불소선설 일체세계
佛所宣說인 一切世界하니라

기중소유일체불토 소위장엄불토 청정
其中所有一切佛土가 所謂莊嚴佛土와 清淨

아승지 강 장엄과, 아승지 구름과 비 장엄과, 아승지 음악으로 미묘한 소리를 연주하는 것이다.

이와 같은 등의 한량없고 수없는 장엄구로 일체 온 법계 허공계에 시방의 한량없는 갖가지 업으로 일어난, 부처님의 아시는 바와 부처님의 말씀하시는 바인 일체 세계를 장엄한다.

그 가운데 있는 일체 부처님 국토는 이른바 장엄한 부처님 국토와 청정한 부처님 국토와 평등한 부처님 국토와 미묘하고 좋은 부처님 국토와 위덕이 있는 부처님 국토와 광대한 부

불토 평등불토 묘호불토 위덕불토 광
佛土와 平等佛土와 妙好佛土와 威德佛土와 廣

대불토 안락불토 불가괴불토 무진불토
大佛土와 安樂佛土와 不可壞佛土와 無盡佛土와

무량불토
無量佛土니라

무동불토 무외불토 광명불토 무위역불
無動佛土와 無畏佛土와 光明佛土와 無違逆佛

토 가애락불토 보조명불토 엄호불토
土와 可愛樂佛土와 普照明佛土와 嚴好佛土와

정려불토 묘교불토
精麗佛土와 妙巧佛土니라

제일불토 승불토 수승불토 최승불토
第一佛土와 勝佛土와 殊勝佛土와 最勝佛土와

극승불토 상불토 무상불토 무등불토
極勝佛土와 上佛土와 無上佛土와 無等佛土와

처님 국토와 안락한 부처님 국토와 깨뜨릴 수 없는 부처님 국토와 다함없는 부처님 국토와 한량없는 부처님 국토이다.

흔들리지 않는 부처님 국토와 두려움 없는 부처님 국토와 광명한 부처님 국토와 어기지 않는 부처님 국토와 사랑스러운 부처님 국토와 널리 밝게 비치는 부처님 국토와 아름답게 장엄한 부처님 국토와 화려한 부처님 국토와 교묘한 부처님 국토이다.

제일의 부처님 국토와 수승한 부처님 국토와 매우 수승한 부처님 국토와 가장 수승한 부처님 국토와 지극히 수승한 부처님 국토와 높은

무비불토 무비유불토
無比佛土와 無譬諭佛土니라

여시과거미래현재일체불토 소유장엄
如是過去未來現在一切佛土의 所有莊嚴을

보살마하살 이기선근 발심회향
菩薩摩訶薩이 以己善根으로 發心迴向하니라

원이여시거래현재일체제불 소유국토청
願以如是去來現在一切諸佛의 所有國土淸

정장엄 실이장엄어일세계 여피일체
淨莊嚴으로 悉以莊嚴於一世界호대 如彼一切

제불국토 소유장엄 개실성취 개실
諸佛國土의 所有莊嚴하야 皆悉成就하며 皆悉

부처님 국토와 위없는 부처님 국토와 같음이 없는 부처님 국토와 견줄 데 없는 부처님 국토와 비유할 수 없는 부처님 국토이다.

이와 같은 과거와 미래와 현재의 일체 부처님 국토에 있는 장엄을 보살마하살이 자기의 선근으로 발심하여 회향한다.

'원하오니 이와 같은 과거와 미래와 현재의 일체 모든 부처님의 있는 바 국토의 청정한 장엄으로써 모두 한 세계를 장엄하되, 저 일체 모든 부처님 국토에 있는 바 장엄과 같이 모두

청정 개실취집 개실현현 개실엄
清淨하며 皆悉聚集하며 皆悉顯現하며 皆悉嚴

호 개실주지
好하며 皆悉住持니라

여일세계 여시진법계허공계 일체세계
如一世界하야 如是盡法界虛空界의 一切世界도

실역여시 삼세일체제불국토 종종장엄
悉亦如是하야 三世一切諸佛國土의 種種莊嚴을

개실구족
皆悉具足하니라

불자 보살마하살 부이선근 여시회향
佛子야 菩薩摩訶薩이 復以善根으로 如是迴向호대

다 성취하고, 모두 다 청정하고, 모두 다 모으고, 모두 다 나타내고, 모두 다 아름답게 장엄하고, 모두 다 머물러 지녀지이다.

한 세계와 같이 이와 같이 온 법계 허공계의 일체 세계도 다 또한 이와 같이 하여, 삼세의 일체 모든 부처님 국토의 갖가지 장엄을 모두 다 구족하여지이다.'라고 한다.

불자들이여, 보살마하살이 다시 선근으로 이와 같이 회향한다.

'원하오니 내가 닦은 바 일체 부처님 국토에

원아소수일체불찰 제대보살 개실충
願我所修一切佛刹에 諸大菩薩이 皆悉充

만
滿하니라

기제보살 체성진실 지혜통달 선능
其諸菩薩이 體性眞實하며 智慧通達하며 善能

분별일체세계 급중생계 심입법계 급
分別一切世界와 及衆生界하며 深入法界와 及

허공계 사리우치
虛空界하며 捨離愚癡하니라

성취염불 염법진실 불가사의 염승
成就念佛하며 念法眞實하야 不可思議하며 念僧

무량 보개주변
無量하야 普皆周徧하니라

역념어사 법일원만 지광보조 견무
亦念於捨하며 法日圓滿하며 智光普照하야 見無

모든 큰 보살들이 모두 다 충만하여지이다.

그 모든 보살들은 체성이 진실하고 지혜가 통달하며, 일체 세계와 중생계를 잘 능히 분별하고, 법계와 허공계에 깊이 들어가며, 어리석음을 버리어 여읜다.

부처님 생각함을 성취하며, 법이 진실하여 불가사의함을 생각하며, 스님이 한량없어 널리 다 두루함을 생각한다.

또한 버리는 것을 생각하며, 법의 태양이 원만하고, 지혜의 광명이 널리 비치어 보는 데 걸리는 바가 없으며, 생겨날 것이 없는 데로부터 모든 부처님의 법을 내어 온갖 수승하고

소애　　종무득생　　생제불법　　위중승상
所礙하며 從無得生하야 生諸佛法하며 爲衆勝上

선근지주　　발생무상보리지심
善根之主하며 發生無上菩提之心하니라

주여래력　　취살바야　　파제마업　　정중
住如來力하며 趣薩婆若하며 破諸魔業하며 淨衆

생계　　심입법성　　영리전도　　선근대원
生界하며 深入法性하야 永離顚倒하고 善根大願이

개실불공
皆悉不空이니라

여시보살　　충만기토　　생여시처　　유여
如是菩薩이 充滿其土하야 生如是處하며 有如

시덕
是德이니라

상작불사　　득불보리　　청정광명　　구법
常作佛事하야 得佛菩提하며 淸淨光明으로 具法

높은 선근의 주인이 되며, 위없는 보리심을 낸다.

여래의 힘에 머무르며, 살바야에 나아가며, 모든 마군의 업을 깨뜨리고, 중생의 세계를 청정케 하며, 법의 성품에 깊이 들어가 전도를 영원히 여의고, 선근과 큰 원이 모두 다 헛되지 아니한다.

이와 같은 보살들이 그 국토에 충만하여 이와 같은 곳에 태어나서 이와 같은 덕이 있어지이다.

항상 불사를 지어 부처님의 보리를 얻으며, 청정한 광명으로 법계의 지혜를 갖추며, 신통력을 나타내어 한 몸이 일체 법계에 충만하며,

계지 현신통력 일신 충만일체법계
界智하며 現神通力하야 一身이 充滿一切法界하며

득대지혜 입일체지소행지경 선능분
得大智慧하야 入一切智所行之境하며 善能分

별무량무변법계구의
別無量無邊法界句義하니라

어일체찰 개무소착 이능보현일체불
於一切刹에 皆無所著호대 而能普現一切佛

토 심여허공 무유소의 이능분별일
土하며 心如虛空하야 無有所依호대 而能分別一

체법계
切法界하니라

선능입출불가사의심심삼매 취살바야
善能入出不可思議甚深三昧하며 趣薩婆若하야

주제불찰 득제불력 개시연설아승지
住諸佛刹하고 得諸佛力하야 開示演說阿僧祇

큰 지혜를 얻어 일체 지혜로 행하는 경계에 들어가서 한량없고 가없는 법계의 문구와 뜻을 잘 능히 분별한다.

일체 세계에 다 집착하는 바가 없되 일체 부처님 국토에 능히 널리 나타나며, 마음은 허공과 같아서 의지할 바가 없되 일체 법계를 능히 분별한다.

불가사의한 매우 깊은 삼매에 잘 능히 출입하며, 살바야에 나아가 모든 부처님의 국토에 머무르며, 모든 부처님의 힘을 얻어 아승지 법문을 열어 보여 연설하되 두려울 바가 없다.

삼세 모든 부처님의 선근을 따르며, 일체 여래

법　　이무소외
法호대 而無所畏하니라

수순삼세제불선근　　보조일체여래법계
隨順三世諸佛善根하고 普照一切如來法界하야

실능수지일체불법　　지아승지제어언법
悉能受持一切佛法하며 知阿僧祇諸語言法하야

선능연출불가사의차별음성
善能演出不可思議差別音聲하니라

입어무상불자재지　　보유시방일체세계
入於無上佛自在地하야 普遊十方一切世界호대

이무장애　　행어무쟁무소의법　　무소분
而無障礙하며 行於無諍無所依法하야 無所分

별
別하니라

수습증광보리지심　　득선교지　　선지구
修習增廣菩提之心하며 得善巧智하야 善知句

의 법계를 널리 비추어 일체 부처님의 법을 다 능히 받아 지니며, 아승지 모든 언어의 법을 알아 불가사의하게 차별한 음성을 잘 능히 연출한다.

위없는 부처님의 자재한 지위에 들어가 시방의 일체 세계에 널리 다니되 장애가 없으며, 다툼이 없고 의지한 데 없는 법을 행하되 분별할 것이 없다.

보리심을 닦아 익히고 증장하여 선교 지혜를 얻고, 문구와 뜻을 잘 알아서 능히 차례를 따라 열어 보이어 연설하여지이다.

원하오니 이와 같은 모든 큰 보살들로 하여

의 능수차제 개시연설
義하고 能隨次第하야 開示演說이니라

원령여시제대보살 장엄기국 충만분
願令如是諸大菩薩로 莊嚴其國하야 充滿分

포 수순안주 훈수극훈수 순정극순
布하고 隨順安住하야 熏修極熏修하며 純淨極純

정 염연연적
淨하야 恬然宴寂하니라

어일불찰 수일방소 개유여시무수무
於一佛刹에 隨一方所하야 皆有如是無數無

량무변무등불가수불가칭불가사불가량
量無邊無等不可數不可稱不可思不可量

불가설불가설불가설제대보살 주변충
不可說不可說不可說諸大菩薩이 周徧充

만 여일방소 일체방소 역부여시
滿하며 如一方所하야 一切方所도 亦復如是하며

금 그 국토를 장엄하고 가득히 분포하여 수순하고 편안히 머무르며, 훈습하여 닦고 지극히 훈습하여 닦으며, 순수하여 깨끗하며, 지극히 순수하고 깨끗하여 편안하고 고요하게 하여지이다.

한 부처님 세계의 한 방소를 따라 모두 이와 같이 수없고, 한량없고, 가없고, 같음이 없고, 셀 수 없고, 일컬을 수 없고, 생각할 수 없고, 헤아릴 수 없고, 말할 수 없고, 말할 수 없이 말할 수 없는 모든 큰 보살들이 두루 충만하며, 한 방소와 같이 일체 방소에도 또한 다시 이와 같으며, 한 부처님 세계와 같이 온 허공

여일불찰 진허공변법계일체불찰 실역
如一佛刹하야 盡虛空徧法界一切佛刹도 悉亦

여시
如是니라

불자 보살마하살 이제선근 방편회향
佛子야 菩薩摩訶薩이 以諸善根으로 方便迴向

일체불찰 방편회향일체보살 방편회
一切佛刹하며 方便迴向一切菩薩하며 方便迴

향일체여래 방편회향일체불보리 방
向一切如來하며 方便迴向一切佛菩提하며 方

편회향일체광대원 방편회향일체출요
便迴向一切廣大願하며 方便迴向一切出要

과 법계에 두루한 일체 부처님 세계에도 다 또한 이와 같아지이다.'라고 한다.

불자들이여, 보살마하살이 모든 선근으로써 일체 부처님의 세계에 방편으로 회향하며, 일체 보살에게 방편으로 회향하며, 일체 여래께 방편으로 회향하며, 일체 부처님의 보리에 방편으로 회향하며, 일체 넓고 큰 서원에 방편으로 회향하며, 일체 뛰어나는 요긴한 길에 방편으로 회향한다.

방편으로 회향하여 일체 중생계를 깨끗이

도
道하니라

방편회향정일체중생계 방편회향어일체
方便迴向淨一切衆生界하며 方便迴向於一切

세계 상견제불출흥어세 방편회향상견
世界에 常見諸佛出興於世하며 方便迴向常見

여래수명무량 방편회향상견제불 변주
如來壽命無量하며 方便迴向常見諸佛이 徧周

법계 전무장애불퇴법륜
法界하사 轉無障礙不退法輪이니라

하며, 방편으로 회향하여 일체 세계에서 모든 부처님이 세상에 출현하심을 항상 보며, 방편으로 회향하여 여래의 수명이 한량없음을 항상 보며, 방편으로 회향하여 모든 부처님이 법계에 두루하여 걸림 없고 물러나지 않는 법륜을 굴리심을 항상 본다.

불자 보살마하살 이제선근 여시회향
佛子야 菩薩摩訶薩이 以諸善根으로 如是迴向

시 보입일체불국토고 일체불찰 개실청
時에 普入一切佛國土故로 一切佛刹이 皆悉清

정 보지일체중생계고 일체보살 개실
淨하며 普至一切衆生界故로 一切菩薩이 皆悉

청정 보원일체제불국토 불출흥고 일
淸淨하며 普願一切諸佛國土에 佛出興故로 一

체법계일체불토 제여래신 초연출현
切法界一切佛土에 諸如來身이 超然出現이니라

불자 보살마하살 이여시등무비회향
佛子야 菩薩摩訶薩이 以如是等無比迴向으로

불자들이여, 보살마하살이 모든 선근으로써 이와 같이 회향할 때에 널리 일체 부처님의 국토에 들어가는 까닭으로 일체 부처님의 세계가 모두 다 청정하며, 널리 일체 중생계에 이르는 까닭으로 일체 보살이 모두 다 청정하며, 널리 일체 모든 부처님의 국토에 부처님께서 출현하시기를 원하는 까닭으로 일체 법계의 일체 부처님 국토에 모든 여래의 몸이 초연히 출현하신다.

불자들이여, 보살마하살이 이와 같은 견줄 데

취살바야 기심광대 유여허공 무유한
趣薩婆若에 其心廣大가 猶如虛空하야 無有限

량 입부사의 지일체업 급이과보
量하야 入不思議하며 知一切業과 及以果報가

개실적멸 심상평등 무유변제 보능
皆悉寂滅하야 心常平等하야 無有邊際일새 普能

변입일체법계
徧入一切法界하나니라

불자 보살마하살 여시회향시 불분별아
佛子야 菩薩摩訶薩이 如是迴向時에 不分別我와

급이아소 불분별불 급이불법 불분
及以我所하며 不分別佛과 及以佛法하며 不分

없는 회향으로 살바야에 나아가면 그 마음이 광대하기가 마치 허공과 같아서 한량이 없어 부사의한 데 들어가며, 일체 업과 과보가 모두 다 적멸한 줄을 알며, 마음이 항상 평등하고 끝이 없어서 널리 능히 일체 법계에 두루 들어간다.

불자들이여, 보살마하살이 이와 같이 회향할 때에 '나'와 '나의 것'을 분별하지 아니하며, 부처님과 부처님 법을 분별하지 아니하며, 세계와 청정한 장엄을 분별하지 아니하며, 중생

별찰　급이엄정　불분별중생　급이조
別刹과 及以嚴淨하며 不分別衆生과 及以調

복　불분별업　급업과보
伏하며 不分別業과 及業果報하니라

불착어사　급사소기　불괴인　불괴과
不著於思와 及思所起하며 不壞因하고 不壞果하며

불취사　불취법
不取事하고 不取法하니라

불위생사유분별　불위열반항적정　불
不謂生死有分別하고 不謂涅槃恒寂靜하며 不

위여래　증불경계　무유소법여법동지
謂如來가 證佛境界하야 無有少法與法同止니라

과 조복함을 분별하지 아니하며, 업과 업의 과보를 분별하지 아니한다.

생각과 생각으로 일으키는 것에 집착하지 아니하며, 인을 깨뜨리지 아니하고 과도 깨뜨리지 아니하며, 일을 취하지 아니하고 법도 취하지 아니한다.

생사가 분별이 있다고 말하지 않고, 열반이 항상 적정하다고 말하지 않으며, 여래가 부처님 경계를 증득하였다고 말하지 않으니, 적은 법도 법과 더불어 함께 머무르지 않는다.

불자 보살마하살 여시회향시 이제선
佛子야 菩薩摩訶薩이 如是迴向時에 以諸善

근 보시중생 결정성숙 평등교화
根으로 普施衆生호대 決定成熟하고 平等敎化하야

무상무연 무칭량무허망 원리일체분
無相無緣하며 無稱量無虛妄하야 遠離一切分

별취착
別取著이니라

보살마하살 여시회향이 득무진선근
菩薩摩訶薩이 如是迴向已에 得無盡善根하나니

소위염삼세일체제불고 득무진선근 염
所謂念三世一切諸佛故로 得無盡善根하며 念

불자들이여, 보살마하살이 이와 같이 회향할 때에 모든 선근을 널리 중생들에게 보시하되, 결정코 성숙시키고 평등하게 교화하며, 모양이 없고 연이 없으며, 헤아릴 수 없고 허망하지 아니하여 일체 분별과 집착을 멀리 여의었다.

보살마하살이 이와 같이 회향하고는 다함없는 선근을 얻는다.

이른바 삼세의 일체 모든 부처님을 생각하므로 다함없는 선근을 얻으며, 일체 보살을 생

일체보살고 득무진선근 정제불찰고
一切菩薩故로 得無盡善根하며 淨諸佛刹故로

득무진선근 정일체중생계고 득무진선
得無盡善根하며 淨一切衆生界故로 得無盡善

근
根하니라

심입법계고 득무진선근 수무량심등허
深入法界故로 得無盡善根하며 修無量心等虛

공계고 득무진선근
空界故로 得無盡善根하니라

심해일체불경계고 득무진선근 어보살
深解一切佛境界故로 得無盡善根하며 於菩薩

업 근수습고 득무진선근 요달삼세고
業에 勤修習故로 得無盡善根하며 了達三世故로

득무진선근
得無盡善根하니라

각하므로 다함없는 선근을 얻으며, 모든 부처님 세계를 깨끗이 하므로 다함없는 선근을 얻으며, 일체 중생계를 깨끗이 하므로 다함없는 선근을 얻는다.

법계에 깊이 들어가므로 다함없는 선근을 얻으며, 한량없는 마음을 닦아 허공계와 평등하므로 다함없는 선근을 얻는다.

일체 부처님의 경계를 깊이 이해하므로 다함없는 선근을 얻으며, 보살의 업을 부지런히 닦으므로 다함없는 선근을 얻으며, 삼세를 분명히 통달하므로 다함없는 선근을 얻는다.

불자 보살마하살 이일체선근 여시회
佛子야 菩薩摩訶薩이 以一切善根으로 如是迴

향시 요일체중생계 무유중생 해일체
向時에 了一切衆生界가 無有衆生하며 解一切

법 무유수명 지일체법 무유작자 오
法이 無有壽命하며 知一切法이 無有作者하며 悟

일체법 무보가라
一切法이 無補伽羅니라

요일체법 무유분쟁 관일체법 개종연
了一切法이 無有忿諍하며 觀一切法이 皆從緣

기 무유주처 지일체물 개무소의
起하야 無有住處하며 知一切物이 皆無所依하며

요일체찰 실무소주 관일체보살행 역
了一切刹이 悉無所住하며 觀一切菩薩行이 亦

무처소 견일체경계 실무소유
無處所하며 見一切境界가 悉無所有니라

불자들이여, 보살마하살이 일체 선근으로 이와 같이 회향할 때에 일체 중생계가 중생이 없음을 알며, 일체 법이 수명이 없음을 알며, 일체 법이 지은 자가 없음을 알며, 일체 법이 보가라가 없음을 깨닫는다.

일체 법이 성내어 다툼이 없음을 알며, 일체 법이 모두 연을 좇아 일어나서 주처가 없음을 관하며, 일체 사물이 모두 의지한 데가 없음을 알며, 일체 세계가 모두 머무르는 데가 없음을 알며, 일체 보살의 행도 또한 처소가 없음을 관하며, 일체 경계가 모두 있는 것이 아님을 본다.

불자 보살마하살 여시회향시 안종불견
佛子야 菩薩摩訶薩이 如是迴向時에 眼終不見

부정불찰 역부불견이상중생
不淨佛刹하며 亦復不見異相衆生하니라

무유소법 위지소입 역무소지 이입어
無有少法이 爲智所入하고 亦無少智가 而入於

법 해여래신 비여허공
法하며 解如來身이 非如虛空이니라

일체공덕 무량묘법 소원만고 어일체처
一切功德과 無量妙法의 所圓滿故며 於一切處에

영제중생 적집선근 실충족고
令諸衆生으로 積集善根하야 悉充足故니라

불자 차보살마하살 어염념중 득불가설
佛子야 此菩薩摩訶薩이 於念念中에 得不可說

불자들이여, 보살마하살이 이와 같이 회향할 때에 눈으로 마침내 청정하지 않은 부처님 세계를 보지 아니하며, 또한 다시 다른 형상인 중생도 보지 아니한다.

조그만 법도 지혜로 들어갈 것이 없고, 또한 조그만 지혜도 법에 들어갈 것이 없으며, 여래의 몸이 허공과 같지 않음을 안다.

일체 공덕과 한량없는 미묘한 법이 원만한 까닭이며, 일체 처에서 모든 중생들로 하여금 선근을 모아서 모두 충족케 하는 까닭이다.

불자들이여, 이 보살마하살이 생각생각 가운

불가설십력지 구족일체복덕 성취청
不可說十力地하야 具足一切福德하며 成就淸

정선근 위일체중생복전
淨善根하야 爲一切衆生福田하나니라

차보살마하살 성취여의마니공덕장 수
此菩薩摩訶薩이 成就如意摩尼功德藏하야 隨

유소수 일체락구 실개득고 수소유
有所須하야 一切樂具를 悉皆得故며 隨所遊

방 실능엄정일체국토 수소행처 영
方하야 悉能嚴淨一切國土하고 隨所行處하야 令

불가설불가설중생 개실청정 섭취복
不可說不可說衆生으로 皆悉淸淨하야 攝取福

덕 수치제행고
德하야 修治諸行故니라

데 말할 수 없이 말할 수 없는 십력의 지위를 얻어서 일체 복덕을 구족하고 청정한 선근을 성취하여 일체 중생의 복밭이 된다.

이 보살마하살이 뜻대로 되는 마니 공덕장을 성취하니, 필요한 것이 있음을 따라 일체 즐길 거리를 모두 다 얻는 까닭이며, 다니는 방소마다 다 능히 일체 국토를 깨끗이 장엄하며, 가는 곳마다 말할 수 없이 말할 수 없는 중생들로 하여금 모두 다 청정케 하니 복덕을 거두어 모든 행을 닦아 다스리는 까닭이다.

불자 보살마하살 여시회향시 수일체보
佛子야 菩薩摩訶薩이 如是迴向時에 修一切菩

살행 복덕수승 색상무비 위력광명
薩行하야 福德殊勝하고 色相無比하며 威力光明이

초제세간 마급마민 막능첨대 선근
超諸世間하야 魔及魔民이 莫能瞻對하며 善根

구족 대원성취
具足하고 大願成就하니라

기심미광 등일체지 어일념중 실능
其心彌廣하야 等一切智하야 於一念中에 悉能

주변무량불찰 지력무량 요달일체제
周徧無量佛刹하며 智力無量하야 了達一切諸

불경계 어일체불 득심신해 주무변
佛境界하며 於一切佛에 得深信解하야 住無邊

지 보리심력 광대여법계 구경여허
智하며 菩提心力이 廣大如法界하고 究竟如虛

불자들이여, 보살마하살이 이와 같이 회향할 때에 일체 보살의 행을 닦아서 복덕이 수승하고 색상이 견줄 데 없으며, 위력과 광명이 모든 세간에서 뛰어나 마군과 마군의 졸개들이 대하여 쳐다볼 수 없으며, 선근을 구족하고 대원을 성취하였다.

그 마음이 두루 넓어 일체 지혜와 평등하며, 한 생각 동안에 모두 능히 한량없는 부처님 세계에 두루 가득하며, 지혜의 힘이 한량없어 일체 모든 부처님의 경계를 밝게 통달하며, 일체 부처님께 깊은 믿음과 이해를 얻고 가없는 지혜에 머무르며, 보리심의 힘은 광대함이 법

공
空이니라

불자 시명보살마하살 제오무진공덕장
佛子야 是名菩薩摩訶薩의 第五無盡功德藏

회향
迴向이니라

보살마하살 주차회향 득십종무진장
菩薩摩訶薩이 住此迴向에 得十種無盡藏하나니

하등 위십
何等이 爲十고

소위득견불무진장 어일모공 견아승지
所謂得見佛無盡藏이니 於一毛孔에 見阿僧祇

계와 같고 끝까지 이르름이 허공과 같다.

불자들이여, 이 이름이 보살마하살의 다섯째 다함없는 공덕장회향이다.

보살마하살이 이 회향에 머무르면 열 가지 무진장을 얻는다.

무엇이 열인가?

이른바 부처님을 친견하는 무진장을 얻으니 한 모공에서 아승지 모든 부처님께서 세상에 출현하심을 보는 까닭이며, 법에 들어가는 무진장을 얻으니 부처님 지혜의 힘으로 일체 법

제불 출흥세고 득입법무진장 이불지
諸佛이 出興世故며 得入法無盡藏이니 以佛智

력 관일체법 실입일법고
力으로 觀一切法이 悉入一法故니라

득억지무진장 수지일체불소설법 무
得憶持無盡藏이니 受持一切佛所說法하야 無

망실고 득결정혜무진장 선지일체불소
忘失故며 得決定慧無盡藏이니 善知一切佛所

설법비밀방편고 득해의취무진장 선지
說法祕密方便故며 得解義趣無盡藏이니 善知

제법이취분제고
諸法理趣分齊故니라

득무변오해무진장 이여허공지 통달삼
得無邊悟解無盡藏이니 以如虛空智로 通達三

세일체법고 득복덕무진장 충만일체제
世一切法故며 得福德無盡藏이니 充滿一切諸

이 모두 한 법에 들어감을 관하는 까닭이다.

기억하여 지니는 무진장을 얻으니 일체 부처님께서 설하신 법을 받아 지니고 잊어버리지 아니하는 까닭이며, 결정한 지혜의 무진장을 얻으니 일체 부처님께서 설하신 법과 비밀한 방편을 잘 아는 까닭이며, 뜻과 취지를 아는 무진장을 얻으니 모든 법의 이치와 취지의 분제를 잘 아는 까닭이다.

가없이 깨달아 아는 무진장을 얻으니 허공과 같은 지혜로 삼세의 일체 법을 통달하는 까닭이며, 복덕의 무진장을 얻으니 일체 모든 중생들의 뜻을 충만하되 다함이 없는 까닭이며, 용맹한

중생의 불가진고 득용맹지각무진장
衆生意하야 不可盡故며 得勇猛智覺無盡藏이니

실능제멸일체중생 우치예고
悉能除滅一切衆生의 愚癡翳故니라

득결정변재무진장 연설일체불평등법
得決定辯才無盡藏이니 演說一切佛平等法하야

영제중생 실해료고 득십력무외무진
令諸衆生으로 悉解了故며 得十力無畏無盡

장 구족일체보살소행 이이구증 이
藏이니 具足一切菩薩所行하야 以離垢繒으로 而

계기정 지무장애일체지고
繫其頂하야 至無障礙一切智故니라

시위십 불자 보살마하살 이일체선근
是爲十이니 佛子야 菩薩摩訶薩이 以一切善根

회향시 득차십종무진장
迴向時에 得此十種無盡藏이니라

지혜로 깨닫는 무진장을 얻으니 일체 중생의 어리석음의 가림을 다 능히 없애 버리는 까닭이다.

결정한 변재의 무진장을 얻으니 일체 부처님의 평등한 법문을 연설하여 모든 중생들이 다 깨닫게 하는 까닭이며, 십력과 두려움 없는 무진장을 얻으니 일체 보살의 행한 바를 구족하여 때가 없는 비단으로 그 이마에 매고 장애가 없는 일체지에 이르는 까닭이다.

이것이 열이니, 불자들이여, 보살마하살이 일체 선근으로 회향할 때에 이 열 가지 무진장을 얻는다."

이시 금강당보살 승불신력 보관시
爾時에 金剛幢菩薩이 承佛神力하사 普觀十

방 이설송언
方하고 而說頌言하시니라

보살성취심심력 보어제법득자재
菩薩成就深心力하야 普於諸法得自在하고

이기권청수희복 무애방편선회향
以其勸請隨喜福으로 無礙方便善迴向이로다

삼세소유제여래 엄정불찰변세간
三世所有諸如來가 嚴淨佛刹徧世間하사

소유공덕미불구 회향정찰역여시
所有功德靡不具하시니 迴向淨刹亦如是로다

이때에 금강당 보살이 부처님의 위신력을 받들어 시방을 널리 살펴보고 게송을 설하여 말씀하였다.

보살이 깊은 마음의 힘을 성취하여
널리 모든 법에 자재함을 얻어서
그 권청하고 따라 기뻐한 복덕으로
걸림 없는 방편으로 잘 회향하도다.

삼세에 계시는 모든 여래께서 부처님 세계를
깨끗이 장엄하고 세간에 두루하시어
있는 바 공덕을 갖추지 않음이 없으시니
청정한 세계에 회향하심도 또한 이와 같도다.

삼세소유제불법 보살개실체사유
三世所有諸佛法을 菩薩皆悉諦思惟하고

이심섭취무유여 여시장엄제불찰
以心攝取無有餘하야 如是莊嚴諸佛刹이로다

진어삼세소유겁 찬일불찰제공덕
盡於三世所有劫토록 讚一佛刹諸功德이라도

삼세제겁유가진 불찰공덕무궁진
三世諸劫猶可盡이어니와 佛刹功德無窮盡이로다

여시일체제불찰 보살실견무유여
如是一切諸佛刹을 菩薩悉見無有餘하야

총이장엄일불토 일체불토실여시
摠以莊嚴一佛土하고 一切佛土悉如是로다

삼세에 있는 바 모든 부처님의 법을
보살들이 모두 다 자세히 사유하고
마음으로 남김없이 거두어 들여서
이와 같이 모든 부처님 세계를 장엄하도다.

삼세에 있는 겁이 다하도록
한 부처님 세계의 모든 공덕을 찬탄하여서
삼세의 모든 겁은 오히려 다하더라도
부처님 세계의 공덕은 끝까지 다함이 없도다.

이와 같은 일체 모든 부처님 세계를
보살이 남김없이 다 보아서
모두 한 불국토를 장엄하고
일체 불국토도 다 이와 같도다.

유제불자심청정 실종여래법화생
有諸佛子心清淨하야 悉從如來法化生이라

일체공덕장엄심 일체불찰개충만
一切功德莊嚴心이 一切佛刹皆充滿이로다

피제보살실구족 무량상호장엄신
彼諸菩薩悉具足 無量相好莊嚴身하며

변재연설변세간 비여대해무궁진
辯才演說徧世間하니 譬如大海無窮盡이로다

보살안주제삼매 일체소행개구족
菩薩安住諸三昧하야 一切所行皆具足하고

기심청정무여등 광명보조시방계
其心清淨無與等하야 光明普照十方界하니라

어떤 여러 불자들은 마음이 청정하여
모두 여래의 법에서 변화하여 생김이라
일체의 공덕으로 장엄한 마음이
일체 부처님 세계에 다 충만하도다.

저 모든 보살들이 다
한량없는 상호를 구족하여 몸을 장엄하였고
변재로 연설함이 세간에 두루하니
마치 큰 바다가 끝까지 다함이 없는 것과 같도다.

보살이 모든 삼매에 편안히 머물러
일체 행할 바를 다 구족하고
그 마음이 청정하여 더불어 같을 이 없어
광명으로 시방세계를 널리 비추도다.

여시무여제불찰　　차제보살개충만
如是無餘諸佛刹에　此諸菩薩皆充滿이라

미증억념성문승　　역부불구연각도
未曾憶念聲聞乘하며　亦復不求緣覺道로다

보살여시심청정　　선근회향제군생
菩薩如是心淸淨하야　善根迴向諸群生하고

보욕령기성정도　　구족요지제불법
普欲令其成正道하야　具足了知諸佛法이로다

시방소유중마원　　보살위력실최파
十方所有衆魔怨을　菩薩威力悉摧破하니

용맹지혜무능승　　결정수행구경법
勇猛智慧無能勝하야　決定修行究竟法이로다

이와 같이 남음이 없는 모든 부처님 세계에
이 모든 보살들이 다 충만하여
일찍이 성문승을 생각하지 않고
또한 다시 연각의 도를 구하지 않도다.

보살들이 이와 같이 마음이 청정하여
선근으로 모든 군생들에게 회향하면서
널리 그들이 바른 도를 이루어
모든 부처님 법을 구족하게 알게 하도다.

시방에 있는 온갖 마군과 원수를
보살의 위력으로 다 꺾어 부수니
용맹한 지혜를 이길 이 없어
결정코 구경법을 닦아 행하도다.

보살이차대원력 소유회향무유애
菩薩以此大願力으로 所有迴向無留礙하야

입어무진공덕장 거래현재상무진
入於無盡功德藏하니 去來現在常無盡이로다

보살선관제행법 요달기성부자재
菩薩善觀諸行法하야 了達其性不自在하니

기지제법성여시 불망취업급과보
旣知諸法性如是일새 不妄取業及果報로다

무유색법무색법 역무유상무무상
無有色法無色法하며 亦無有想無無想이라

유법무법개실무 요지일체무소득
有法無法皆悉無하니 了知一切無所得이로다

보살이 이 큰 원력으로
있는 바에 회향하여 걸림이 없어
다함없는 공덕장에 들어가니
과거와 미래와 현재에 항상 다함없도다.

보살이 모든 행하는 법을 잘 관찰하여
그 성품이 자재하지 못함을 요달하니
모든 법의 성품이 이와 같음을 이미 알고
허망하게 업과 과보를 취하지 않도다.

색이 있는 법도 색이 없는 법도 없으며
또한 생각 있음도 없고 생각 없음도 없으며
있는 법도 없는 법도 모두 다 없으니
일체가 얻을 바 없음을 분명히 알도다.

일체제법인연생 체성비유역비무
一切諸法因緣生이라 體性非有亦非無니

이어인연급소기 필경어중무취착
而於因緣及所起에 畢竟於中無取著이로다

일체중생어언처 어중필경무소득
一切衆生語言處가 於中畢竟無所得이라

요지명상개분별 명해제법실무아
了知名相皆分別하야 明解諸法悉無我로다

여중생성본적멸 여시요지일체법
如衆生性本寂滅하야 如是了知一切法하니

삼세소섭무유여 찰급제업개평등
三世所攝無有餘라 刹及諸業皆平等이로다

일체 모든 법은 인연으로 생긴 것이라
체성이 있지 않고 또한 없지도 않으니
인연과 일어난 것에
마침내 그 가운데 집착이 없도다.

일체 중생의 말하는 곳이
그 가운데 마침내 얻을 바 없어
이름과 모양이 다 분별임을 분명히 알고
모든 법이 다 무아임을 밝게 알도다.

중생들의 성품이 본래 적멸하듯이
이와 같이 일체 법을 분명히 아니
삼세에 거둔 바가 남음이 없어
세계와 모든 업이 다 평등하도다.

이여시지이회향 수기오해복업생
以如是智而迴向에 隨其悟解福業生이나

차제복상역여해 기부어중유가득
此諸福相亦如解하니 豈復於中有可得가

여시회향심무구 영불칭량제법성
如是迴向心無垢하야 永不稱量諸法性하며

요달기성개비성 부주세간역불출
了達其性皆非性하야 不住世間亦不出이로다

일체소행중선업 실이회향제군생
一切所行衆善業을 悉以迴向諸群生호대

막불요달기진성 소유분별개제견
莫不了達其眞性하야 所有分別皆除遣이로다

이와 같은 지혜로써 회향하여
그 깨달아 이해함을 따라 복업이 생기나
이 모든 복의 모양도 또한 이해함과 같으니
어찌 다시 그 가운데 얻을 것이 있으리오.

이와 같이 회향하는 마음에 때가 없어서
영원히 모든 법성을 헤아리지 않으니
그 성품이 모두 성품 아님을 요달하여
세간에 머무르지도 않고 벗어나지도 않도다.

일체 행한 바 온갖 선한 업을
다 모든 군생들에게 회향하여서
그 참 성품을 요달하지 못함이 없고
있는 바 분별도 모두 없애 버리도다.

소유일체허망견 실개기사무유여
所有一切虛妄見을 悉皆棄捨無有餘하며

이제열뇌항청량 주어해탈무애지
離諸熱惱恒淸涼하야 住於解脫無礙地로다

보살불괴일체법 역불멸괴제법성
菩薩不壞一切法하며 亦不滅壞諸法性하고

해료제법유여향 실어일체무소착
解了諸法猶如響하야 悉於一切無所著이로다

요지삼세제중생 실종인연화합기
了知三世諸衆生이 悉從因緣和合起하며

역지심락급습기 미증멸괴일체법
亦知心樂及習氣하야 未曾滅壞一切法이로다

있는 바 일체 허망한 소견을
모두 다 버려서 남김이 없으며
모든 번뇌의 열기를 여의어 항상 청량하여
해탈의 걸림 없는 지위에 머무르도다.

보살은 일체 법을 파괴하지 않으며
또한 모든 법의 성품을 멸하여 없애지도 아니하고
모든 법이 마치 메아리와 같음을 알아서
모두 일체에 집착하는 바가 없도다.

삼세의 모든 중생들이
모두 인과 연의 화합으로 일어남을 분명히 알고
또한 마음에 즐겨함과 습기도 알아서
일찍이 일체 법을 멸하여 없애지 아니하도다.

요달업성비시업　　이역불위제법상
了達業性非是業호대　而亦不違諸法相하며

우역불괴업과보　　설제법성종연기
又亦不壞業果報하야　說諸法性從緣起로다

요지중생무유생　　역무중생가유전
了知衆生無有生하며　亦無衆生可流轉하니

무실중생이가설　　단의세속가선시
無實衆生而可說이로대　但依世俗假宣示로다

업의 성품이 업이 아님을 요달하되
또한 모든 법의 모양도 어기지 않으며
또한 업의 과보도 깨뜨리지 아니하여
모든 법의 성품이 연을 따라 일어남을 설하도다.

중생들이 생겨남이 없으며
또한 중생들이 유전함도 없음을 아니
실로 중생이라 말할 것도 없으나
다만 세속을 의지하여 거짓으로 펴 보이도다.

불자　운하위보살마하살　수순견고일체
佛子야 云何爲菩薩摩訶薩의 隨順堅固一切

선근회향
善根迴向고

불자　차보살마하살　혹위제왕　임어대
佛子야 此菩薩摩訶薩이 或爲帝王하야 臨御大

국　위덕광피　명진천하　범제원적
國하면 威德廣被하야 名震天下일새 凡諸怨敵이

미불귀순　발호시령　실의정법
靡不歸順하며 發号施令에 悉依正法하니라

집지일개　부음만방　주행솔토　소향
執持一蓋하야 溥蔭萬方하며 周行率土에 所向

"불자들이여, 무엇을 보살마하살의 견고한 일체 선근을 수순하는 회향이라 하는가?

불자들이여, 이 보살마하살이 혹은 제왕이 되어 큰 나라에 군림하면 위덕이 널리 미치고 이름이 천하에 떨치니, 무릇 모든 원수와 적들이 귀순하지 않음이 없고 시행 명령을 내림에 모두 바른 법에 의지한다.

한 일산을 들어 만방을 그늘지게 덮으며, 거느리는 국토에 두루 다녀도 향하는 곳마다 걸림이 없으며, 때가 없는 비단으로 그 이마에

무애　이이구증　이계기정　어법자
無礙하며 以離垢繒으로 而繫其頂하며 於法自

재　견자　함복　불형불벌　감덕종
在하야 見者가 咸伏하며 不刑不罰호대 感德從

화　이사섭법　섭제중생　위전륜왕
化하며 以四攝法으로 攝諸衆生하며 爲轉輪王하야

일체주급
一切周給이니라

보살마하살　안주여시자재공덕　유대권
菩薩摩訶薩이 安住如是自在功德에 有大眷

속　불가저괴　이중과실　견자무염
屬하야 不可沮壞하며 離衆過失하야 見者無厭하며

매었다. 법에 자재하여 보는 이가 다 굴복하며, 형벌을 내리지 않으나 덕에 감복하여 교화를 따르며, 사섭법으로 모든 중생들을 포섭하며, 전륜왕이 되어 일체에 두루 미친다.

보살마하살이 이와 같은 자재한 공덕에 안주하여 큰 권속이 있어 저해할 수 없으며, 온갖 허물을 여의어 보는 이가 싫어함이 없으며, 복덕으로 장엄하여 상호가 원만하며, 형체와 팔다리가 조화롭게 구족하며, 나라연의 견고한 몸을 얻고 큰 힘을 성취하여 굴복할 수 없

복덕장엄 상호원만 형체지분 균조
福德莊嚴으로 相好圓滿하야 形體肢分이 均調

구족 획나라연견고지신 대력성취
具足하며 獲那羅延堅固之身하며 大力成就하야

무능굴복 득청정업 이제업장
無能屈伏하며 得淸淨業하며 離諸業障이니라

구족수행일체보시 혹시음식 급제상
具足修行一切布施호대 或施飮食과 及諸上

미 혹시거승 혹시의복 혹시화만
味하며 或施車乘하며 或施衣服하며 或施華鬘하며

잡향도향 상좌방사 급소주처 상묘등
雜香塗香과 牀座房舍와 及所住處와 上妙燈

으며, 청정한 업을 얻어 모든 업장을 여의었다.

일체 보시를 구족하게 수행하되, 혹은 음식과 모든 좋은 맛을 보시하며, 혹은 수레를 보시하며, 혹은 의복을 보시하며, 혹은 화만을 보시하며, 여러 가지 향과 바르는 향과 평상과 방사와 머무르는 처소와 가장 미묘한 등촉과 병에 쓰는 탕약과 보배 그릇과 보배 수레와 길이 잘든 코끼리와 말을 모두 다 장엄스럽게 꾸며서 기쁘게 보시한다.

촉 병연탕약 보기보거 조량상마 실개
燭과 病緣湯藥과 寶器寶車와 調良象馬를 悉皆

엄식 환희보시
嚴飾하야 歡喜布施하니라

혹유래걸왕소처좌 약개약산 당번보물
或有來乞王所處座와 若蓋若傘과 幢幡寶物과

제장엄구 정상보관 계중명주 내지왕
諸莊嚴具와 頂上寶冠과 髻中明珠와 乃至王

위 개무소린
位라도 皆無所吝하니라

약견중생 재뇌옥중 사제재보 처자권
若見衆生이 在牢獄中에 捨諸財寶와 妻子眷

속 내지이신 구피영탈 약견옥수
屬하고 乃至以身으로 救彼令脫하며 若見獄囚가

장욕피륙 즉사기신 이대피명 혹견
將欲被戮에 卽捨其身하야 以代彼命하며 或見

혹은 어떤 이가 와서 왕의 거처하는 평상과 덮개와 일산과 당기와 깃발과 보물과 모든 장엄거리와 정수리 위의 보관과 상투 가운데 밝은 구슬과 내지 왕위를 요구하더라도 모두 아까워하는 바가 없다.

만약 중생들이 감옥 속에 있는 것을 보면 모든 재물 보배와 처자 권속과 내지 몸을 버려서 그들을 구호하여 벗어나게 하며, 만약 옥에 갇힌 죄수가 사형을 당하게 될 것을 보면 곧 그 몸을 버려서 그 목숨을 대신하며, 혹은 정수리 살갗에 붙어있는 머리카락을 요구함을 보더라도 기쁘게 주고 또한 아까워하는 것이

래걸연부정발 환희시여 역무소린
來乞連膚頂髮이라도 歡喜施與하야 亦無所吝하니라

안이비설 급이아치 두정수족 혈육골수
眼耳鼻舌과 及以牙齒와 頭頂手足과 血肉骨髓와

심신간폐 대장소장 후피박피 수족제지
心腎肝肺와 大腸小腸과 厚皮薄皮와 手足諸指와

연육조갑 이환희심 진개시여
連肉爪甲을 以歡喜心으로 盡皆施與하니라

혹위구청미증유법 투신이하심대화갱
或爲求請未曾有法하야 投身而下深大火阬하며

혹위호지여래정법 이신인수일체고독
或爲護持如來正法하야 以身忍受一切苦毒하며

혹위구법 내지일자 실능변사사해지
或爲求法호대 乃至一字라도 悉能徧捨四海之

내일체소유 항이정법 화도군생 영
內一切所有하야 恒以正法으로 化導群生하야 令

없다.

눈과 귀와 코와 혀와 그리고 치아와 머리와 이마와 손과 발과 피와 살과 뼈와 골수와 심장과 신장과 간과 폐와 대장과 소장과 두꺼운 가죽과 얇은 가죽과 모든 손가락과 발가락과 살에 붙은 손톱도 환희한 마음으로 모두 다 보시한다.

혹은 일찍이 있지 않던 법을 구하기 위하여 몸을 던져 깊고 큰 불구덩이에 들어가며, 혹은 여래의 정법을 보호하기 위하여 몸으로써 일체 고초를 달게 받으며, 혹은 법을 구하되 내지 한 글자를 위해서라도 사해 안의 일체 소

수선행 사리제악 약견중생 손패타
修善行하야 捨離諸惡하며 若見衆生이 損敗他

형 자심구지 영사죄업
形에 慈心救之하야 令捨罪業하니라

약견여래 성최정각 칭양찬탄 보사문
若見如來가 成最正覺에 稱揚讚歎하야 普使聞

지 혹시어지 조립승방 방사전당
知하며 或施於地하야 造立僧坊과 房舍殿堂하야

이위주처 급시동복 공승작역 혹이
以爲住處하고 及施僮僕하야 供承作役하며 或以

자신 시래걸자
自身으로 施來乞者하니라

혹시어불 위구법고 환희용약 위중
或施於佛호대 爲求法故로 歡喜踊躍하고 爲衆

생고 승사공양
生故로 承事供養하니라

유를 다 능히 두루 버리며, 항상 바른 법으로 군생들을 교화하고 인도하여 선행을 닦고 모든 악을 버리어 여의게 하며, 만약 중생들이 다른 이의 형상을 훼손하는 것을 보면 자애로운 마음으로 그를 구원하여 죄업을 버리게 한다.

만약 여래께서 최상의 정각을 이루시는 것을 보면 칭찬해 드날리고 찬탄하여 널리 듣고 알게 하며, 혹은 땅을 보시하여 승방과 방사와 전당을 지어서 주처로 삼게 하며, 또 시중들을 보내어 받들고 섬기게 하며, 혹은 자기의 몸을 구걸하러 온 자에게 보시한다.

혹은 부처님께 바치며, 법을 구하기 위한 까

혹사왕위 성읍취락 궁전원림 처자권
或捨王位와 城邑聚落과 宮殿園林과 妻子眷

속 수소걸구 실만기원 혹사일체자
屬하야 隨所乞求하야 悉滿其願하며 或捨一切資

생지물 보설무차대시지회
生之物하야 普設無遮大施之會하나니라

기중중생 종종복전 혹종원래 혹종근
其中衆生의 種種福田이 或從遠來하고 或從近

래 혹현혹우 혹호혹추 약남약녀 인
來하며 或賢或愚와 或好或醜와 若男若女와 人

여비인 심행 부동 소구 각이 등개
與非人의 心行이 不同하고 所求가 各異라도 等皆

닭으로 환희 용약하고, 중생들을 위하는 까닭으로 받들어 섬기고 공양한다.

혹은 왕위나 성읍이나 마을이나 궁전이나 동산 숲이나 처자 권속까지 버리어 구걸하는 바를 따라 그 원을 모두 만족케 하며, 혹은 일체 생활에 필요한 물건들을 보시하여 막음이 없는 큰 보시의 법회를 널리 베푼다.

그 가운데 중생들의 갖가지 복밭이 혹은 먼 데서 오거나 가까운 데서 오거나 어질거나 어리석거나 아름답거나 추하거나 남자이거나 여

시여 실령만족
施與하야 悉令滿足이니라

불자 보살마하살 여시시시 발선섭심
佛子야 菩薩摩訶薩이 如是施時에 發善攝心하야

실이회향
悉以迴向하나니라

소위선섭색 수순견고일체선근 선섭
所謂善攝色하야 隨順堅固一切善根하며 善攝

수상행식 수순견고일체선근
受想行識하야 隨順堅固一切善根하니라

선섭왕위 수순견고일체선근 선섭권
善攝王位하야 隨順堅固一切善根하며 善攝眷

자이거나 사람이거나 사람 아니거나, 마음과 행동이 같지 않고 구하는 것이 각각 다르더라도 평등하게 다 베풀어 주어 모두 만족하게 한다.

불자들이여, 보살마하살이 이와 같이 보시할 때에 잘 거두는 마음을 내어 모두 회향한다.

이른바 색을 잘 거두어 견고한 일체 선근을 수순하며, 수·상·행·식을 잘 거두어 견고한 일체 선근을 수순한다.

왕위를 잘 거두어 견고한 일체 선근을 수순

속 수순견고일체선근 선섭자구 수
屬하야 隨順堅固一切善根하며 善攝資具하야 隨

순견고일체선근 선섭혜시 수순견고
順堅固一切善根하며 善攝惠施하야 隨順堅固

일체선근
一切善根이니라

불자 보살마하살 수소시물 무량무변
佛子야 菩薩摩訶薩이 隨所施物의 無量無邊하야

이피선근 여시회향
以彼善根으로 如是迴向하나니라

소위이상묘식 시중생시 기심청정
所謂以上妙食으로 施衆生時에 其心清淨하야

하며, 권속을 잘 거두어 견고한 일체 선근을 수순하며, 살림살이를 잘 거두어 견고한 일체 선근을 수순하며, 은혜롭게 보시하는 일을 잘 거두어 견고한 일체 선근을 수순한다.

불자들이여, 보살마하살이 보시하는 물건의 한량없고 가없음을 따라서 그 선근으로 이와 같이 회향한다.

이른바 좋은 음식으로 중생들에게 보시할 때에 그 마음이 청정하여 보시하는 물건에 탐욕이 없고 집착이 없고 돌아보아 아까워하는

어소시물 무탐무착 무소고린 구족
於所施物에 無貪無著하며 無所顧吝하고 具足

행시 원일체중생 득지혜식 심무장
行施호대 願一切衆生이 得智慧食하야 心無障

애 요지식성 무소탐착 단락법희출
礙하며 了知食性이 無所貪著하고 但樂法喜出

리지식 지혜충만 이법견주 섭취
離之食하며 智慧充滿하야 以法堅住하며 攝取

선근 법신지신 청정유행 애민중생
善根하야 法身智身이 淸淨遊行하며 哀愍衆生하야

위작복전 현수단식
爲作福田하야 現受摶食하나니라

시위보살마하살 보시식시 선근회향
是爲菩薩摩訶薩의 布施食時에 善根迴向이니라

생각이 없어서 구족하게 보시를 행하되 '원하오니 일체 중생이 지혜의 음식을 얻어 마음에 장애가 없으며, 음식의 성품이 탐착할 것이 없음을 분명히 알고 단지 법에 대한 기쁨으로 벗어나 여의는 음식을 즐겨하며, 지혜가 충만하여 법으로 굳게 머무르고 선근을 거두어 가져 법신과 지신이 청정하여 마음대로 다니며, 중생들을 가엾게 여겨서 복밭을 짓기 위해 지금 뭉치어 먹는 밥을 받아지이다.' 라고 한다.

이것이 보살마하살이 음식을 보시할 때에 선근으로 회향하는 것이다.

불자 보살마하살 약시음시 이차선근
佛子야 菩薩摩訶薩이 若施飮時에 以此善根으로

여시회향
如是迴向하나니라

소위원일체중생 음법미수 정근수습
所謂願一切衆生이 飮法味水하고 精勤修習하야

구보살도 단세갈애 상구불지 이욕
具菩薩道하며 斷世渴愛하고 常求佛智하며 離欲

경계 득법희락
境界하고 得法喜樂이니라

종청정법 이생기신 상이삼매 조섭
從淸淨法하야 而生其身하며 常以三昧로 調攝

기심 입지혜해 흥대법운 주대법
其心하며 入智慧海하야 興大法雲하고 霔大法

우
雨니라

불자들이여, 보살마하살이 만약 마실 것을 보시할 때에는 이 선근으로 이와 같이 회향한다.

이른바 '원하오니 일체 중생이 법 맛의 물을 마시고 부지런히 닦아 익혀서 보살의 도를 구족하며, 세간의 목마른 애욕을 끊고 항상 부처님의 지혜를 구하며, 욕심의 경계를 여의어 법의 기쁨과 즐거움을 얻어지이다.

청정한 법에서 그 몸이 생기고 항상 삼매로써 그 마음을 고르게 유지하며, 지혜의 바다에 들어가서 큰 법의 구름을 일으켜 큰 법의 비를 내려지이다.'라고 한다.

이것이 보살마하살이 마실 것을 보시할 때에

시위보살마하살 보시음시 선근회향
是爲菩薩摩訶薩의 布施飮時에 善根迴向이니라

불자 보살마하살 보시종종청정상미
佛子야 菩薩摩訶薩이 布施種種清淨上味하나니라

소위신산함담 급이감고 종종제미 윤택
所謂辛酸鹹淡과 及以甘苦의 種種諸味가 潤澤

구족 능령사대 안은조화 기체영만
具足하야 能令四大로 安隱調和하야 肌體盈滿하고

기력강장 기심청정 상득환희
氣力强壯하며 其心清淨하야 常得歡喜하니라

연저지시 불해불역 제근명리 내장
嚥咀之時에 不欬不逆하야 諸根明利하고 內藏

충실 독불능침 병불능상 시종무
充實하며 毒不能侵하고 病不能傷하며 始終無

선근으로 회향하는 것이다.

불자들이여, 보살마하살이 갖가지 청정하고 좋은 맛으로 보시한다.

이른바 맵고 시고 짜고 싱겁고 그리고 달고 쓴 갖가지 모든 맛이 윤택하고 구족하여, 능히 사대가 안온하고 조화로워 신체가 충실하고 기력이 강장하며 그 마음이 청정하여 항상 환희하게 한다.

씹고 삼킬 때에 기침나지 않고 거슬리지 않으며, 모든 근이 상쾌하고 내장이 충실하며, 독기가 침노하지 못하고, 병이 능히 손상하지

환 영득안락
患하야 永得安樂이니라

이차선근 여시회향 소위원일체중생
以此善根으로 如是迴向호대 所謂願一切衆生이

득최상미 감로충만 원일체중생 득
得最上味하야 甘露充滿하며 願一切衆生이 得

법지미 요지일체제미업용
法智味하야 了知一切諸味業用하니라

원일체중생 득무량법미 요달법계
願一切衆生이 得無量法味하야 了達法界하야

안주실제대법성중 원일체중생 작대법
安住實際大法城中하며 願一切衆生이 作大法

운 주변법계 보우법우 교화조복일
雲하야 周徧法界하야 普雨法雨하야 敎化調伏一

체중생
切衆生하니라

못하며, 처음부터 끝까지 근심이 없어 길이 안락을 얻는다.

이 선근으로 이와 같이 회향한다.

이른바 일체 중생이 가장 좋은 맛을 얻어 감로가 충만하기를 원하며, 일체 중생이 법과 지혜의 맛을 얻어 일체 모든 맛의 업용을 분명히 알기를 원한다.

일체 중생이 한량없는 법의 맛을 얻어 법계를 요달하고 실제인 큰 법의 성 가운데 편안히 머무르기를 원하며, 일체 중생이 큰 법의 구름이 되어 법계에 두루하여 법의 비를 널리 내려 일체 중생을 교화하고 조복하기를 원한다.

원일체중생 득승지미 무상법희 충만
願一切衆生이 得勝智味하야 無上法喜가 充滿

신심 원일체중생 득무탐착일체상미
身心하며 願一切衆生이 得無貪著一切上味하야

불염세간일체제미 상근수습일체불법
不染世間一切諸味하고 常勤修習一切佛法하니라

원일체중생 득일법미 요제불법 실무
願一切衆生이 得一法味하야 了諸佛法이 悉無

차별 원일체중생 득최승미 승일체
差別하며 願一切衆生이 得最勝味하야 乘一切

지 종무퇴전
智하야 終無退轉하니라

원일체중생 득입제불무이법미 실능분
願一切衆生이 得入諸佛無異法味하야 悉能分

별일체제근 원일체중생 법미증익
別一切諸根하며 願一切衆生이 法味增益하야

일체 중생이 수승한 지혜의 맛을 얻어 위없는 법의 기쁨이 몸과 마음에 충만하기를 원하며, 일체 중생이 탐착함이 없는 일체 좋은 맛을 얻어 세간의 일체 모든 맛에 물들지 않고 일체 불법을 항상 부지런히 닦아 익히기를 원한다.

일체 중생이 한 법의 맛을 얻어 모든 불법이 다 차별 없음을 알기를 원하며, 일체 중생이 가장 수승한 맛을 얻어 일체 지혜를 타고 마침내 퇴전하지 않기를 원한다.

일체 중생이 모든 부처님의 다르지 않은 법의 맛에 들어가 일체 모든 근을 다 능히 분별하기를 원하며, 일체 중생이 법의 맛이 증장하

상득만족무애불법
常得滿足無礙佛法이니라

시위보살마하살 보시미시 선근회향
是爲菩薩摩訶薩의 布施味時에 善根迴向이니

위령일체중생 근수복덕 개실구족무
爲令一切衆生으로 勤修福德하야 皆悉具足無

애지신고
礙智身故니라

불자 보살마하살 시거승시 이제선근
佛子야 菩薩摩訶薩이 施車乘時에 以諸善根으로

여시회향
如是迴向하니라

소위원일체중생 개득구족일체지승 승
所謂願一切衆生이 皆得具足一切智乘하야 乘

여 걸림 없는 부처님 법에 항상 만족하기를 원한다.

이것이 보살마하살이 맛을 보시할 때에 선근으로 회향하는 것이니, 일체 중생으로 하여금 복덕을 부지런히 닦아서 걸림 없는 지혜의 몸을 모두 다 구족케 하기 위한 까닭이다.

불자들이여, 보살마하살이 수레 등속을 보시할 때에 모든 선근으로 이와 같이 회향한다.

이른바 일체 중생이 모두 일체 지혜의 수레를 구족하여, 큰 수레와 깨뜨릴 수 없는 수레와 가장 수승한 수레와 최상의 수레와 빠른

어대승 불가괴승 최승승 최상승 속질
於大乘과 不可壞乘과 最勝乘과 最上乘과 速疾

승 대력승 복덕구족승 출세간승 출생
乘과 大力乘과 福德具足乘과 出世間乘과 出生

무량제보살승
無量諸菩薩乘이니라

시위보살마하살 시거승시 선근회향
是爲菩薩摩訶薩의 施車乘時에 善根迴向이니라

불자 보살마하살 보시의시 이제선근
佛子야 菩薩摩訶薩이 布施衣時에 以諸善根으로

여시회향
如是迴向하니라

소위원일체중생 득참괴의 이부기신
所謂願一切衆生이 得慚愧衣하야 以覆其身하고

수레와 큰 힘 갖춘 수레와 복덕이 구족한 수레와 세간을 벗어나는 수레와 한량없는 모든 보살들을 출생하는 수레에 올라타기를 원한다.

이것이 보살마하살이 수레 등속을 보시할 때에 선근으로 회향하는 것이다.

불자들이여, 보살마하살이 옷을 보시할 때에 모든 선근으로 이와 같이 회향한다.

이른바 일체 중생이 부끄러움의 옷을 얻어서 그 몸을 가리며, 삿된 외도들의 알몸을 드러내는 나쁜 법을 버리어 여의며, 얼굴색이 윤택하고 피부가 부드러워 모든 부처님의 제일가는

사리사도 노형악법 안색 윤택 피부
捨離邪道의 露形惡法하며 顔色이 潤澤하고 皮膚가

세연 성취제불제일지락 득최청정일
細軟하야 成就諸佛第一之樂하고 得最淸淨一

체종지
切種智니라

시위보살마하살 보시의시 선근회향
是爲菩薩摩訶薩의 布施衣時에 善根迴向이니라

불자 보살마하살 상이종종명화 보시
佛子야 菩薩摩訶薩이 常以種種名華로 布施하나니라

소위미묘향화 종종색화 무량기묘화 선
所謂微妙香華와 種種色華와 無量奇妙華와 善

견화 가희락화 일체시화 천화 인화
見華와 可喜樂華와 一切時華와 天華와 人華와

낙을 성취하고 가장 청정한 일체종지를 얻기를 원한다.

이것이 보살마하살이 옷을 보시할 때에 선근으로 회향하는 것이다.

불자들이여, 보살마하살이 항상 갖가지 이름난 꽃으로 보시한다.

이른바 미묘하고 향기로운 꽃과 갖가지 색의 꽃과 한량없는 기묘한 꽃과 보기 좋은 꽃과 기쁘고 즐거운 꽃과 어느 때나 피는 꽃과 하늘 꽃과 인간 꽃과 세상에서 진귀하고 사랑스러운 꽃과 매우 향기롭고 뜻에 기쁜 꽃이다.

세소진애화 심분복열의화
世所珍愛華와 甚芬馥悅意華라

이여시등무량묘화 공양일체현재제불
以如是等無量妙華로 供養一切現在諸佛과

급불멸후소유탑묘
及佛滅後所有塔廟하니라

혹이공양설법지인 혹이공양비구승보
或以供養說法之人하며 或以供養比丘僧寶와

일체보살 제선지식 성문독각 부모종친
一切菩薩과 諸善知識과 聲聞獨覺과 父母宗親과

하지자신 급여일체빈궁고로 보시지시
下至自身과 及餘一切貧窮孤露하야 布施之時에

이제선근 여시회향
以諸善根으로 如是迴向이니라

소위원일체중생 개득제불삼매지화 실
所謂願一切衆生이 皆得諸佛三昧之華하야 悉

이와 같은 등의 한량없는 미묘한 꽃으로 일체 현재의 모든 부처님과 그리고 부처님께서 열반하신 후에 있는 탑묘에 공양올린다.

혹은 법을 말하는 사람에게 공양올리며, 혹은 비구 승보와 일체 보살과 모든 선지식들과 성문과 독각과 부모와 종친과 아래로 자신과 그리고 그 외에 일체 빈궁하고 고독한 사람들에게 이르기까지 공양올리니, 보시할 때에 모든 선근으로 이와 같이 회향한다.

이른바 일체 중생이 다 모든 부처님의 삼매의 꽃을 얻어 일체 모든 법을 다 능히 펴기를 원하며, 일체 중생이 모두 부처님과 같아서 보

능개부일체제법　원일체중생　개득여불
能開敷一切諸法하며 願一切衆生이 皆得如佛하야

견자환희　심무염족
見者歡喜하야 心無厭足하니라

원일체중생　소견순협　심무동란　원
願一切衆生이 所見順愜하야 心無動亂하며 願

일체중생　구행광대청정지업
一切衆生이 具行廣大淸淨之業하니라

원일체중생　상념선우　심무변이　원
願一切衆生이 常念善友하야 心無變異하며 願

일체중생　여아가타약　능제일체번뇌중
一切衆生이 如阿伽陀藥하야 能除一切煩惱衆

독
毒하니라

원일체중생　성만대원　개실득위무상지
願一切衆生이 成滿大願하야 皆悉得爲無上智

는 이가 환희하여 마음이 만족해 싫어함이 없기를 원한다.

일체 중생이 소견이 순하여 마음이 혼란하지 아니하기를 원하며, 일체 중생이 광대하고 청정한 업을 갖추어 행하기를 원한다.

일체 중생이 항상 선지식을 생각하여 마음이 변해 달라지지 않기를 원하며, 일체 중생이 아가타약과 같이 능히 일체 번뇌의 온갖 독을 없애기를 원한다.

일체 중생이 큰 원을 원만히 이루어 모두 다 위없는 지혜의 왕이 되기를 원하며, 일체 중생이 지혜의 햇빛으로 어리석음의 어두움을 깨

왕　　원일체중생　지혜일광　　파우치암
王하며 願一切衆生이 智慧日光으로 破愚癡暗하니라

원일체중생　보리정월　증장만족　　원일
願一切衆生이 菩提淨月이 增長滿足하며 願一

체중생　입대보주　　견선지식　　구족성
切衆生이 入大寶洲하야 見善知識하야 具足成

취일체선근
就一切善根이니라

시위보살마하살　보시화시　선근회향
是爲菩薩摩訶薩의 布施華時에 善根迴向이니

위령중생　　개득청정무애지고
爲令衆生으로 皆得淸淨無礙智故니라

불자　보살마하살　보시만시　이제선근
佛子야 菩薩摩訶薩이 布施鬘時에 以諸善根으로

뜨리기를 원한다.

일체 중생이 보리의 맑은 달이 증장하고 만족하기를 원하며, 일체 중생이 큰 보물섬에 들어가 선지식을 친견하고 일체 선근을 구족하게 성취하기를 원한다.

이것이 보살마하살이 꽃을 보시할 때에 선근으로 회향하는 것이니, 중생들로 하여금 다 청정하고 걸림 없는 지혜를 얻게 하기 위한 까닭이다.

불자들이여, 보살마하살이 꽃다발을 보시할 때에 모든 선근으로 이와 같이 회향한다.

여시회향
如是迴向하니라

소위원일체중생 인소락견 견자흠탄
所謂願一切衆生이 人所樂見으로 見者欽歎하며

견자친선 견자애락 견자갈앙 견자
見者親善하며 見者愛樂하며 見者渴仰하며 見者

제우 견자생희 견자이악 견자상득
除憂하며 見者生喜하며 見者離惡하며 見者常得

친근어불 견자청정 획일체지
親近於佛하며 見者淸淨하야 獲一切智니라

시위보살마하살 보시만시 선근회향
是爲菩薩摩訶薩의 布施鬘時에 善根迴向이니라

불자 보살마하살 보시향시 이제선근
佛子야 菩薩摩訶薩이 布施香時에 以諸善根으로

이른바 일체 중생을 사람들이 보기를 즐겨하는 바로서 보는 자가 칭찬하며, 보는 자가 친선하며, 보는 자가 사랑하며, 보는 자가 우러르며, 보는 자가 근심이 없어지며, 보는 자가 기뻐하며, 보는 자가 악을 여의며, 보는 자가 항상 부처님을 친근하며, 보는 자가 청정하여 일체지를 얻기를 원한다.

이것이 보살마하살이 꽃다발을 보시할 때에 선근으로 회향하는 것이다.

불자들이여, 보살마하살이 향을 보시할 때에 모든 선근으로 이와 같이 회향한다.

여시회향
如是迴向하니라

원일체중생 구족계향 득불결계 부잡
願一切衆生이 具足戒香하야 得不缺戒와 不雜

계 불오계 무회계 이전계 무열계 무
戒와 不汙戒와 無悔戒와 離纏戒와 無熱戒와 無

범계 무변계 출세계 보살바라밀계
犯戒와 無邊戒와 出世戒와 菩薩波羅蜜戒하며

원일체중생 이시계고 개득성취제불계
願一切衆生이 以是戒故로 皆得成就諸佛戒

신
身이니라

시위보살마하살 보시향시 선근회향
是爲菩薩摩訶薩의 布施香時에 善根迴向이니

위령중생 실득원만무애계온고
爲令衆生으로 悉得圓滿無礙戒蘊故니라

일체 중생이 계향을 구족하여, 모자라지 않는 계와 섞이지 않는 계와 더럽히지 않는 계와 뉘우침이 없는 계와 얽매임을 여읜 계와 열기가 없는 계와 범함이 없는 계와 가없는 계와 세간을 벗어나는 계와 보살의 바라밀 계 얻기를 원하며, 일체 중생이 이 계로써 다 모든 부처님의 계의 몸을 성취하기를 원한다.

이것이 보살마하살이 향을 보시할 때에 선근으로 회향하는 것이니, 중생들로 하여금 원만하고 걸림 없는 계의 무더기를 모두 얻게 하기 위한 까닭이다.

불자 보살마하살 시도향시 이제선근
佛子야 菩薩摩訶薩이 施塗香時에 以諸善根으로

여시회향
如是迴向하니라

소위원일체중생 시향보훈 실능혜사일
所謂願一切衆生이 施香普熏하야 悉能惠捨一

체소유 원일체중생 계향보훈 득어
切所有하며 願一切衆生이 戒香普熏하야 得於

여래구경정계
如來究竟淨戒하니라

원일체중생 인향보훈 이어일체험해지
願一切衆生이 忍香普熏하야 離於一切險害之

심 원일체중생 정진향보훈 상복대
心하며 願一切衆生이 精進香普熏하야 常服大

승정진갑주
乘精進甲胄하니라

불자들이여, 보살마하살이 바르는 향을 보시할 때에 모든 선근으로 이와 같이 회향한다.

이른바 일체 중생이 보시의 향이 널리 풍기어 일체 소유를 모두 능히 베풀기를 원하며, 일체 중생이 계의 향이 널리 풍기어 여래의 끝까지 청정한 계를 얻기를 원한다.

일체 중생이 인욕의 향이 널리 풍기어 일체 음해하는 마음을 떠나길 원하며, 일체 중생이 정진의 향이 널리 풍기어 대승의 정진하는 갑옷과 투구를 항상 입기를 원한다.

일체 중생이 정의 향이 널리 풍기어 모든 부

원일체중생 정향보훈 안주제불현전삼
願一切衆生이 定香普熏하야 安住諸佛現前三

매 원일체중생 혜향보훈 일념득성
昧하며 願一切衆生이 慧香普熏하야 一念得成

무상지왕
無上智王하니라

원일체중생 법향보훈 어무상법 득무
願一切衆生이 法香普熏하야 於無上法에 得無

소외 원일체중생 덕향보훈 성취일
所畏하며 願一切衆生이 德香普熏하야 成就一

체대공덕지
切大功德智하니라

원일체중생 보리향보훈 득불십력
願一切衆生이 菩提香普熏하야 得佛十力하야

도어피안 원일체중생 청정백법묘향보
到於彼岸하며 願一切衆生이 淸淨白法妙香普

처님께서 앞에 나타나시는 삼매에 편안히 머무르기를 원하며, 일체 중생이 혜의 향이 널리 풍기어 한 생각에 위없는 지혜의 왕을 이루기를 원한다.

일체 중생이 법의 향이 널리 풍기어 위없는 법에 두려움이 없기를 원하며, 일체 중생이 덕의 향이 널리 풍기어 일체 큰 공덕 지혜를 성취하기를 원한다.

일체 중생이 보리의 향이 널리 풍기어 부처님의 십력을 얻어 피안에 이르기를 원하며, 일체 중생이 청정한 선한 법의 묘한 향이 널리 풍기어 일체 선하지 못한 법을 영원히 소멸하기를

훈　영멸일체불선지법
熏하야 永滅一切不善之法이니라

시위보살마하살　시도향시　선근회향
是爲菩薩摩訶薩의 施塗香時에 善根迴向이니라

불자　보살마하살　시상좌시　이제선근
佛子야 菩薩摩訶薩이 施牀座時에 以諸善根으로

여시회향
如是迴向하니라

소위원일체중생　득제천상좌　증대지
所謂願一切衆生이 得諸天牀座하야 證大智

혜　원일체중생　득현성상좌　사범부
慧하며 願一切衆生이 得賢聖牀座하야 捨凡夫

의　주보리심
意하고 住菩提心하니라

원한다.

이것이 보살마하살이 바르는 향을 보시할 때에 선근으로 회향하는 것이다.

불자들이여, 보살마하살이 평상을 보시할 때에 모든 선근으로 이와 같이 회향한다.

이른바 일체 중생이 모든 하늘의 평상을 얻어 큰 지혜를 증득하기를 원하며, 일체 중생이 성현의 평상을 얻어 범부의 뜻을 버리고 보리심에 머무르기를 원한다.

일체 중생이 안락한 평상을 얻어 일체 생사의 고뇌를 길이 여의기를 원하며, 일체 중생이

원일체중생 득안락상좌 영리일체생사
願一切衆生이 得安樂牀座하야 永離一切生死

고뇌 원일체중생 득구경상좌 득견
苦惱하며 願一切衆生이 得究竟牀座하야 得見

제불자재신통
諸佛自在神通하니라

원일체중생 득평등상좌 항보훈수일체
願一切衆生이 得平等牀座하야 恒普熏修一切

선법 원일체중생 득최승상좌 구청
善法하며 願一切衆生이 得最勝牀座하야 具淸

정업 세무여등
淨業하야 世無與等하니라

원일체중생 득안은상좌 증진실법
願一切衆生이 得安隱牀座하야 證眞實法하야

구족구경 원일체중생 득청정상좌
具足究竟하며 願一切衆生이 得淸淨牀座하야

구경의 평상을 얻어 모든 부처님의 자재한 신통을 보기를 원한다.

일체 중생이 평등한 평상을 얻어 항상 일체 선법을 널리 훈습하여 닦기를 원하며, 일체 중생이 가장 수승한 평상을 얻어 청정한 업을 갖추어 세상에 더불어 같을 이 없기를 원한다.

일체 중생이 안온한 평상을 얻어 진실한 법을 증득하고 끝까지 구족하기를 원하며, 일체 중생이 청정한 평상을 얻어 여래의 청정한 지혜의 경계를 닦아 익히기를 원한다.

일체 중생이 편안히 머무르는 평상을 얻어 선지식이 항상 따르고 덮어 보호하기를 원하

수습여래정지경계
修習如來淨智境界하니라

원일체중생 득안주상좌 득선지식 상
願一切衆生이 得安住牀座하야 得善知識이 常

수부호 원일체중생 득사자상좌 상
隨覆護하며 願一切衆生이 得師子牀座하야 常

여여래우협이와
如如來右脇而臥니라

시위보살마하살 시상좌시 선근회향
是爲菩薩摩訶薩의 施牀座時에 善根迴向이니

위령중생 수습정념 선호제근고
爲令衆生으로 修習正念하야 善護諸根故니라

불자 보살마하살 시방사시 이제선근
佛子야 菩薩摩訶薩이 施房舍時에 以諸善根으로

며, 일체 중생이 사자좌를 얻어 항상 여래와 같이 오른쪽 옆구리로 눕기를 원한다.

이것이 보살마하살이 평상을 보시할 때에 선근으로 회향하는 것이니, 중생들로 하여금 바른 생각을 닦아 익혀서 모든 근을 잘 보호하게 하기 위한 까닭이다.

불자들이여, 보살마하살이 방사를 보시할 때에 모든 선근으로 이와 같이 회향한다.

이른바 '원하오니 일체 중생이 모두 청정한 부처님 세계에 안주하여 일체 공덕을 부지런히 닦아 익히며, 매우 깊은 삼매의 경계에 안

여시회향
如是迴向하니라

소위원일체중생 개득안주청정불찰 정
所謂願一切衆生이 皆得安住淸淨佛刹하야 精

근수습일체공덕 안주심심삼매경계
勤修習一切功德하며 安住甚深三昧境界하야

사리일체주처집착 요제주처 개무소유
捨離一切住處執著하며 了諸住處가 皆無所有하야

이제세간 주일체지
離諸世間하고 住一切智하니라

섭취일체제불소주 주구경도안락주처
攝取一切諸佛所住하야 住究竟道安樂住處하며

항주제일청정선근 종불사리불무상주처
恒住第一淸淨善根하야 終不捨離佛無上住處니라

시위보살마하살 시방사시 선근회향
是爲菩薩摩訶薩의 施房舍時에 善根迴向이니

주하여 일체 주처의 집착을 버리어 여의며, 모든 주처가 다 있는 바가 없음을 알아서 모든 세간을 여의고 일체 지혜에 안주하여지이다.

일체 모든 부처님께서 머무르시는 곳을 거두어 구경의 도인 안락한 주처에 머무르며, 제일 청정한 선근에 항상 머물러서 마침내 부처님의 위없는 주처를 버리어 여의지 않아지이다.' 라고 한다.

이것이 보살마하살이 방사를 보시할 때에 선근으로 회향하는 것이니, 일체 중생을 이익케 하여 그 마땅한 바를 따라서 사유하고 구호하기 위한 까닭이다.

위욕이익일체중생 수기소응 사유구
爲欲利益一切衆生하야 隨其所應하야 思惟救

호고
護故니라

불자 보살마하살 시주처시 이제선근
佛子야 菩薩摩訶薩이 施住處時에 以諸善根으로

여시회향
如是迴向하니라

소위원일체중생 상획선리 기심안락
所謂願一切衆生이 常獲善利하야 其心安樂하니라

원일체중생 의여래주 의대지주 의
願一切衆生이 依如來住하며 依大智住하며 依

선지식주 의존승주 의선행주 의대
善知識住하며 依尊勝住하며 依善行住하며 依大

불자들이며, 보살마하살이 주처를 보시할 때에 모든 선근으로 이와 같이 회향한다.

이른바 일체 중생이 항상 좋은 이익을 얻어 그 마음이 안락하기를 원한다.

일체 중생이 여래를 의지하여 머무르며, 큰 지혜를 의지하여 머무르며, 선지식을 의지하여 머무르며, 높고 수승한 이를 의지하여 머무르며, 선행을 의지하여 머무르며, 대자를 의지하여 머무르며, 대비를 의지하여 머무르며, 육바라밀을 의지하여 머무르며, 큰 보리심을 의지하여 머무르며, 일체 보살의 도를 의지하여 머무르기를 원한다.

자주 의대비주 의육바라밀주 의대
慈住하며 依大悲住하며 依六波羅蜜住하며 依大

보리심주 의일체보살도주
菩提心住하며 依一切菩薩道住니라

시위보살마하살 시주처시 선근회향
是爲菩薩摩訶薩의 施住處時에 善根迴向이니

위령일체복덕청정고 구경청정고 지청
爲令一切福德淸淨故며 究竟淸淨故며 智淸

정고 도청정고 법청정고
淨故며 道淸淨故며 法淸淨故니라

계청정고 지락청정고 신해청정고 원청
戒淸淨故며 志樂淸淨故며 信解淸淨故며 願淸

정고 일체신통공덕청정고
淨故며 一切神通功德淸淨故니라

이것이 보살마하살이 주처를 보시할 때에 선근으로 회향하는 것이다. 일체로 하여금 복덕이 청정하게 하는 까닭이며, 구경까지 청정하게 하는 까닭이며, 지혜가 청정하게 하는 까닭이며, 도가 청정하게 하는 까닭이며, 법이 청정하게 하는 까닭이다.

계가 청정하게 하는 까닭이며, 뜻의 즐김이 청정하게 하는 까닭이며, 믿고 이해함이 청정하게 하는 까닭이며, 원이 청정하게 하는 까닭이며, 일체 신통과 공덕이 청정하게 하기 위한 까닭이다.

불자 보살마하살 시제등명 소위소등
佛子야 菩薩摩訶薩이 施諸燈明호대 所謂酥燈과

유등 보등 마니등 칠등 화등 침수등
油燈과 寶燈과 摩尼燈과 漆燈과 火燈과 沈水燈과

전단등 일체향등 무량색광등
栴檀燈과 一切香燈과 無量色光燈이니라

시여시등무량등시 위욕이익일체중생
施如是等無量燈時에 爲欲利益一切衆生하며

위욕섭수일체중생 이차선근 여시회
爲欲攝受一切衆生하야 以此善根으로 如是迴

향
向하나니라

소위원일체중생 득무량광 보조일체제
所謂願一切衆生이 得無量光하야 普照一切諸

불정법 원일체중생 득청정광 조견
佛正法하며 願一切衆生이 得淸淨光하야 照見

불자들이여, 보살마하살이 모든 등의 광명을 보시한다.

이른바 우유 등불과 기름 등불과 보배 등불과 마니 등불과 옻칠 등불과 불 등불과 침수향 등불과 전단향 등불과 일체 향 등불과 한량없는 색 등불이다.

이와 같은 한량없는 등불을 보시할 때에 일체 중생을 이익케 하려 함이며, 일체 중생을 섭수하려 함이니, 이 선근으로 이와 같이 회향한다.

이른바 일체 중생이 한량없는 광명을 얻어 일체 모든 부처님의 바른 법을 널리 비추기를

세간극미세색
世間極微細色하니라

원일체중생 득이예광 요중생계 공무
願一切衆生이 得離翳光하야 了衆生界가 空無

소유 원일체중생 득무변광 신출묘
所有하며 願一切衆生이 得無邊光하야 身出妙

광 보조일체
光하야 普照一切하니라

원일체중생 득보조광 어제불법 심무
願一切衆生이 得普照光하야 於諸佛法에 心無

퇴전 원일체중생 득불정광 일체찰
退轉하며 願一切衆生이 得佛淨光하야 一切刹

중 실개현현
中에 悉皆顯現하니라

원일체중생 득무애광 일광변조일체법
願一切衆生이 得無礙光하야 一光偏照一切法

원하며, 일체 중생이 청정한 광명을 얻어 세간의 극히 미세한 색을 비추어 보기를 원한다.

일체 중생이 가림을 여읜 광명을 얻어 중생계가 공하여 있는 바가 없음을 알기를 원하며, 일체 중생이 가없는 광명을 얻어 몸에서 미묘한 광명을 내어 일체를 널리 비추기를 원한다.

일체 중생이 널리 비추는 광명을 얻어 모든 부처님 법에서 마음이 퇴전함이 없기를 원하며, 일체 중생이 부처님의 청정한 광명을 얻어 일체 세계에 모두 다 나타나기를 원한다.

일체 중생이 걸림 없는 광명을 얻어 한 빛으

계　원일체중생　득무단광　조제불찰
界하며 願一切衆生이 得無斷光하야 照諸佛刹하야

광명부단
光明不斷하니라

원일체중생　득지당광　보조세간　원
願一切衆生이 得智幢光하야 普照世間하며 願

일체중생　득무량색광　조일체찰　시
一切衆生이 得無量色光하야 照一切刹하야 示

현신력
現神力이니라

보살　여시시등명시　위욕이익일체중생
菩薩이 如是施燈明時에 爲欲利益一切衆生하며

안락일체중생고　이차선근　수축중생
安樂一切衆生故로 以此善根으로 隨逐衆生하니라

이차선근　섭수중생　이차선근　분포
以此善根으로 攝受衆生하며 以此善根으로 分布

로 일체 법계를 두루 비추기를 원하며, 일체 중생이 끊임없는 광명을 얻어 모든 부처님 세계를 비추어 광명이 끊이지 아니하기를 원한다.

일체 중생이 지혜당기의 광명을 얻어 세간을 널리 비추기를 원하며, 일체 중생이 한량없는 색의 광명을 얻어 일체 세계를 비추어서 위신력을 나타내 보이기를 원한다.

보살이 이와 같이 등의 광명을 보시할 때에 일체 중생을 이익케 하고 일체 중생을 안락케 하기 위한 까닭에 이 선근으로 중생을 따른다.

이 선근으로 중생을 섭수하며, 이 선근으로

중생 이차선근 자민중생 이차선근
衆生하며 以此善根으로 慈愍衆生하며 以此善根으로

부육중생 이차선근 구호중생 이차
覆育衆生하며 以此善根으로 救護衆生하며 以此

선근 충만중생 이차선근 연념중
善根으로 充滿衆生하며 以此善根으로 緣念衆

생 이차선근 등익중생 이차선근
生하며 以此善根으로 等益衆生하며 以此善根으로

관찰중생
觀察衆生하나니라

시위보살마하살 시등명시 선근회향
是爲菩薩摩訶薩의 施燈明時에 善根迴向이니

여시회향 무유장애 보령중생 주선
如是迴向에 無有障礙하야 普令衆生으로 住善

근중
根中이니라

중생에게 분포하며, 이 선근으로 중생을 어여삐 여기며, 이 선근으로 중생을 덮어 기르며, 이 선근으로 중생을 구호한다.

이 선근으로 중생을 충만하게 하며, 이 선근으로 중생을 염려하며, 이 선근으로 중생을 평등하게 이익 주며, 이 선근으로 중생을 관찰한다.

이것이 보살마하살이 등의 광명을 보시할 때에 선근으로 회향하는 것이니, 이와 같이 회향함에 장애가 없어서 널리 중생들로 하여금 선근 가운데 머무르게 한다.

불자 보살마하살 시탕약시 이제선근
佛子야 菩薩摩訶薩이 施湯藥時에 以諸善根으로

여시회향
如是迴向하니라

소위원일체중생 어제개전 구경득출
所謂願一切衆生이 於諸蓋纏에 究竟得出하며

원일체중생 영리병신 득여래신
願一切衆生이 永離病身하고 得如來身하니라

원일체중생 작대양약 멸제일체불선지
願一切衆生이 作大良藥하야 滅除一切不善之

병 원일체중생 성아가타약 안주보
病하며 願一切衆生이 成阿伽陀藥하야 安住菩

살불퇴전지
薩不退轉地하니라

원일체중생 성여래약 능발일체번뇌독
願一切衆生이 成如來藥하야 能拔一切煩惱毒

불자들이여, 보살마하살이 탕약을 보시할 때에 모든 선근으로 이와 같이 회향한다.

이른바 일체 중생이 모든 덮이고 얽힘에서 구경에 벗어나기를 원하며, 일체 중생이 병든 몸을 영원히 여의고 여래의 몸을 얻기를 원한다.

일체 중생이 훌륭한 양약이 되어 일체 좋지 못한 병을 없애기를 원하며, 일체 중생이 아가타약이 되어 보살의 퇴전하지 않는 지위에 편안히 머무르기를 원한다.

일체 중생이 여래인 약을 이루어 일체 번뇌의 독화살을 능히 뽑기를 원하며, 일체 중생이 성현을 친근하여 모든 번뇌를 소멸하고 청

전 원일체중생 친근현성 멸제번뇌
箭하며 願一切衆生이 親近賢聖하야 滅諸煩惱하고

수청정행
修淸淨行하니라

원일체중생 작대약왕 영제중병 불
願一切衆生이 作大藥王하야 永除衆病하야 不

령중발 원일체중생 작불괴약수 실
令重發하며 願一切衆生이 作不壞藥樹하야 悉

능구료일체중생
能救療一切衆生하니라

원일체중생 득일체지광 출중병전
願一切衆生이 得一切智光하야 出衆病箭하며

원일체중생 선해세간방약지법 소유질
願一切衆生이 善解世間方藥之法하야 所有疾

병 위기구료
病을 爲其救療니라

정한 행을 닦기를 원한다.

일체 중생이 큰 약왕이 되어 온갖 병을 영원히 없애고 다시 발생하지 않게 하기를 원하며, 일체 중생이 부서지지 않는 약 나무가 되어 일체 중생을 모두 능히 치료하여 구호하기를 원한다.

일체 중생이 일체 지혜의 광명을 얻어 온갖 병의 화살을 뽑기를 원하며, 일체 중생이 세간의 약처방의 법을 잘 알아서 있는 바 질병을 치료하여 구하기를 원한다.

보살마하살이 탕약을 보시할 때에 일체 중생으로 하여금 온갖 병을 길이 여의게 하는 까닭이며, 구경에 안온하게 하는 까닭이며, 구

보살마하살　시탕약시　위령일체중생
菩薩摩訶薩이 施湯藥時에 爲令一切衆生으로

영리중병고　구경안은고　구경청정고　여
永離衆病故며 究竟安隱故며 究竟淸淨故며 如

불무병고　발제일체병전고　득무진견고
佛無病故며 拔除一切病箭故며 得無盡堅固

신고　득금강위산소불괴신고　득견고만
身故며 得金剛圍山所不壞身故며 得堅固滿

족력고　득원만불가탈불락고　득일체불
足力故며 得圓滿不可奪佛樂故며 得一切佛

자재견고신고　이제선근　여시회향
自在堅固身故로 以諸善根으로 如是迴向이니라

불자　보살마하살　실능혜시일체기물
佛子야 菩薩摩訶薩이 悉能惠施一切器物호대

경에 청정하게 하는 까닭이며, 부처님처럼 병이 없게 하는 까닭이며, 일체 병의 화살을 뽑아 없애게 하는 까닭이며, 다함없이 견고한 몸을 얻게 하는 까닭이며, 금강위산의 깨뜨릴 수 없는 몸을 얻게 하는 까닭이며, 견고하고 만족한 힘을 얻게 하는 까닭이며, 원만하고 빼앗을 수 없는 부처님의 즐거움을 얻게 하는 까닭이며, 일체 부처님의 자재하고 견고한 몸을 얻게 하기 위한 까닭에 모든 선근으로 이와 같이 회향한다.

불자들이여, 보살마하살이 일체 그릇을 모두

소위황금기 성만잡보 백은기 성중묘
所謂黃金器에 盛滿雜寶하며 白銀器에 盛衆妙

보 유리기 성종종보 파려기 성만무
寶하며 瑠璃器에 盛種種寶하며 玻瓈器에 盛滿無

량보장엄구 차거기 성적진주
量寶莊嚴具하며 硨磲器에 盛赤眞珠하니라

마노기 성만산호마니주보 백옥기 성
碼碯器에 盛滿珊瑚摩尼珠寶하며 白玉器에 盛

중미식 전단기 성천의복 금강기 성
衆美食하며 栴檀器에 盛天衣服하며 金剛器에 盛

중묘향 무량무수종종보기 성무량무수
衆妙香하며 無量無數種種寶器에 盛無量無數

종종중보
種種衆寶하니라

혹시제불 신불복전부사의고 혹시보
或施諸佛하나니 信佛福田不思議故며 或施菩

능히 보시한다.

이른바 황금 그릇에 여러 가지 보배를 가득 담고, 백은 그릇에 온갖 미묘한 보배를 담고, 유리 그릇에 갖가지 보배를 담고, 파려 그릇에 한량없는 보배 장엄거리를 가득 담고, 자거 그릇에 적진주를 담았다.

마노 그릇에 산호와 마니주 보배를 가득 담고, 백옥 그릇에 온갖 아름다운 음식을 담고, 전단 그릇에 하늘의 의복을 담고, 금강 그릇에 온갖 미묘한 향을 담고, 한량없고 수없는 갖가지 보배 그릇에 한량없고 수없는 갖가지 온갖 보배를 담았다.

살 지선지식난치우고 혹시성승
薩하나니 知善知識難値遇故며 或施聖僧하나니

위령불법 구주세고 혹시성문 급벽지
爲令佛法으로 久住世故며 或施聲聞과 及辟支

불 어제성인 생정신고
佛하나니 於諸聖人에 生淨信故니라

혹시부모 위존중고 혹시사장 위
或施父母하나니 爲尊重故며 或施師長하나니 爲

항유회 영의성교 수공덕고 혹시하
恒誘誨하야 令依聖敎하야 修功德故며 或施下

열빈궁고로 대자대비애안 등시제중
劣貧窮孤露하나니 大慈大悲愛眼으로 等視諸衆

생고
生故니라

전의만족거래금세일체보살 단바라밀고
專意滿足去來今世一切菩薩의 檀波羅蜜故로

혹은 모든 부처님께 보시하니 부처님의 복밭이 부사의함을 믿는 까닭이며, 혹은 보살에게 보시하니 선지식을 만나기 어려움을 아는 까닭이며, 혹은 거룩한 스님에게 보시하니 부처님 법이 세상에 오래 머무르게 하기 위한 까닭이며, 혹은 성문과 벽지불에게 보시하니 모든 성인에게 청정한 신심을 내는 까닭이다.

혹은 부모에게 보시하니 존중하는 까닭이며, 혹은 스승과 어른에게 보시하니 항상 인도하고 가르쳐서 성인의 가르침을 의지하여 공덕을 닦게 하는 까닭이며, 혹은 하열하고 빈궁하고 외로운 이에게 보시하니 대자대비한 사

이일체물 보시일체 종불염사제중생
以一切物로 普施一切하나니 終不厭捨諸衆生

고 여시시시 어기시물 급이수자 개
故라 如是施時에 於其施物과 及以受者에 皆

무소착
無所著이니라

보살마하살 이여시등종종보기 성무량
菩薩摩訶薩이 以如是等種種寶器로 盛無量

보 이보시시 이제선근 여시회향
寶하야 而布施時에 以諸善根으로 如是迴向하나니라

소위원일체중생 성등허공무변장기 염
所謂願一切衆生이 成等虛空無邊藏器하야 念

력광대 실능수지세출세간일체경서
力廣大하야 悉能受持世出世間一切經書하야

무유망실
無有忘失하니라

량의 눈으로 모든 중생들을 평등하게 보는 까닭이다.

오롯한 생각으로 과거와 미래와 현재의 일체 보살의 보시바라밀을 만족케 하는 까닭이며, 일체 물건으로 널리 일체에게 보시하니 마침내 모든 중생들을 싫어하여 버리지 아니하는 까닭이다. 이와 같이 보시할 때에 그 보시하는 물건과 받는 이에게 다 집착하는 바가 없다.

보살마하살이 이와 같은 등의 갖가지 보배 그릇에 한량없는 보배를 담아 보시할 때에 모든 선근으로 이와 같이 회향한다.

이른바 일체 중생이 허공처럼 가없이 담는

원일체중생 성청정기 능오제불심심정
願一切衆生이 成淸淨器하야 能悟諸佛甚深正

법
法하니라

원일체중생 성무상보기 실능수지삼세
願一切衆生이 成無上寶器하야 悉能受持三世

불법
佛法하니라

원일체중생 성취여래광대법기 이불괴
願一切衆生이 成就如來廣大法器하야 以不壞

신 섭수삼세불보리법
信으로 攝受三世佛菩提法하니라

원일체중생 성취최승보장엄기 주대위
願一切衆生이 成就最勝寶莊嚴器하야 住大威

덕보리지심
德菩提之心하니라

그릇을 이루고 기억력이 넓고 커서 세간과 출세간의 일체 경서를 모두 능히 받아 지니고 잊어버리지 않기를 원한다.

일체 중생이 청정한 그릇을 이루어 모든 부처님의 매우 깊고 바른 법을 능히 깨닫기를 원한다.

일체 중생이 위없는 보배 그릇을 이루어 삼세의 부처님 법을 모두 능히 받아 지니기를 원한다.

일체 중생이 여래의 광대한 법의 그릇을 성취하여 깨뜨릴 수 없는 신심으로 삼세의 부처님 보리법을 거두어 받기를 원한다.

일체 중생이 가장 수승한 보배로 장엄한 그릇을 성취하여 큰 위덕의 보리 마음에 머무르

원일체중생 성취공덕소의처기 어제여
願一切衆生이 成就功德所依處器하야 於諸如

래무량지혜 생정신해
來無量智慧에 生淨信解하니라

원일체중생 성취취입일체지기 구경여
願一切衆生이 成就趣入一切智器하야 究竟如

래무애해탈
來無礙解脫하니라

원일체중생 득진미래겁보살행기 능령
願一切衆生이 得盡未來劫菩薩行器하야 能令

중생 보개안주일체지력
衆生으로 普皆安住一切智力하니라

원일체중생 성취삼세제불종성승공덕기
願一切衆生이 成就三世諸佛種性勝功德器하야

일체제불묘음소설 실능수지
一切諸佛妙音所說을 悉能受持하니라

기를 원한다.

일체 중생이 공덕의 의지할 곳의 그릇을 성취하여 모든 여래의 한량없는 지혜에 깨끗한 신심과 이해를 내기를 원한다.

일체 중생이 일체 지혜에 들어가는 그릇을 성취하여 여래의 걸림 없는 해탈을 끝까지 이루기를 원한다.

일체 중생이 미래겁이 다하도록 보살행의 그릇을 얻어 능히 중생들로 하여금 널리 모두 일체 지혜의 힘에 편안히 머무르기를 원한다.

일체 중생이 삼세 모든 부처님의 종성인 수승한 공덕의 그릇을 성취하여 일체 모든 부처

원일체중생 성취용납진법계허공계일체
願一切衆生이 成就容納盡法界虛空界一切

세계일체여래중회도량기 위대장부찬설
世界一切如來衆會道場器하야 爲大丈夫讚說

지수 권청제불 전정법륜
之首하야 勸請諸佛하야 轉正法輪이니라

시위보살마하살 보시기시 선근회향
是爲菩薩摩訶薩의 布施器時에 善根迴向이니

위욕보령일체중생 개득원만보현보살행
爲欲普令一切衆生으로 皆得圓滿普賢菩薩行

원기고
願器故니라

〈大方廣佛華嚴經 卷第二十五〉

님의 미묘한 음성으로 설하신 바를 모두 능히 받아 지니기를 원한다.

일체 중생이 온 법계 허공계의 일체 세계와 일체 여래의 도량에 모인 대중들을 용납하는 그릇을 성취하여, 대장부로서 설법을 찬탄하는 상수가 되어 모든 부처님께 바른 법륜 굴리심을 권청하기를 원한다.

이것이 보살마하살이 그릇을 보시할 때에 선근으로 회향하는 것이니, 널리 일체 중생으로 하여금 보현 보살의 행원을 원만하게 하는 그릇을 다 얻게 하려는 까닭이다.

〈대방광불화엄경 제25권〉

大方廣佛華嚴經

부록

•

대방광불화엄경 목차

•

간행사

대방광불화엄경
목차

〈제4회〉

제19권 제19품 승야마천궁품

제20품 야마궁중게찬품

제21품 십행품 [1]

제20권 제21품 십행품 [2]

제21권 제22품 십무진장품

〈제5회〉

제22권 제23품 승도솔천궁품

제23권 제24품 도솔궁중게찬품

제25품 십회향품 [1]

제24권 제25품 십회향품 [2]

제25권 제25품 십회향품 [3]

제26권 제25품 십회향품 [4]

제27권 제25품 십회향품 [5]

제28권 제25품 십회향품 [6]

제29권 제25품 십회향품 [7]

제30권 제25품 십회향품 [8]

제31권 제25품 십회향품 [9]

제32권 제25품 십회향품 [10]

제33권 제25품 십회향품 [11]

〈제6회〉

제34권 제26품 십지품 [1]

제35권 제26품 십지품 [2]

제36권 제26품 십지품 [3]

제37권 제26품 십지품 [4]

제38권 제26품 십지품 [5]

제39권 제26품 십지품 [6]

〈제7회〉

제40권 제27품 십정품 [1]

제41권 제27품 십정품 [2]

제42권 제27품 십정품 [3]

제43권 제27품 십정품 [4]

제44권 제28품 십통품

제29품 십인품

제45권 제30품 아승지품

제31품 수량품

제32품 제보살주처품

제46권 제33품 불부사의법품 [1]

제47권 제33품 불부사의법품 [2]

제48권 제34품 여래십신상해품

제35품 여래수호광명공덕품

제49권 제36품 보현행품

제50권 제37품 여래출현품 [1]

제51권 제37품 여래출현품 [2]

제52권 제37품 여래출현품 [3]

〈제8회〉

제53권 제38품 이세간품 [1]

제54권 제38품 이세간품 [2]

제55권 제38품 이세간품 [3]

제56권 제38품 이세간품 [4]

제57권 제38품 이세간품 [5]

제58권 제38품 이세간품 [6]

제59권 제38품 이세간품 [7]

〈제9회〉

제60권 제39품 입법계품 [1]

제61권 제39품 입법계품 [2]

제62권 제39품 입법계품 [3]

제63권 제39품 입법계품 [4]

제64권 제39품 입법계품 [5]

제65권 제39품 입법계품 [6]

제66권 제39품 입법계품 [7]

제67권 제39품 입법계품 [8]

제68권 제39품 입법계품 [9]

제69권 제39품 입법계품 [10]

제70권 제39품 입법계품 [11]

제71권 제39품 입법계품 [12]

제72권 제39품 입법계품 [13]

제73권 제39품 입법계품 [14]

제74권 제39품 입법계품 [15]

제75권 제39품 입법계품 [16]

제76권 제39품 입법계품 [17]

제77권 제39품 입법계품 [18]

제78권 제39품 입법계품 [19]

제79권 제39품 입법계품 [20]

제80권 제39품 입법계품 [21]

간 행 사

귀의삼보 하옵고,

『대방광불화엄경』의 수지 독송과 유통을 발원하면서 수미정사 불전연구원에서 『독송본 한문·한글역 대방광불화엄경』과 『사경본 한글역 대방광불화엄경』을 편찬하여 간행하게 되었습니다.

『화엄경』은 우리나라에 전래된 이래 일찍부터 사경되고 주석·강설되어 왔으며 근현대에 이르러서는 『화엄경』의 한글 번역과 연구도 부쩍 많이 이루어졌습니다. 그만큼 『화엄경』이 우리 불자님들의 신행과 해탈에 큰 의지처가 되었던 것임을 알 수 있습니다.

『화엄경』을 독송하고 사경하는 공덕은 설법 공덕과 함께 크게 강조되어 왔습니다. 그리하여 수미정사 불전연구원에서도 『화엄경』(80권)을 독송하고 사경하는 데 도움이 되도록 한문 원문과 한글역을 함께 수록한 독송본과 한글역의 사경본 『화엄경』 간행불사를 발원하였습니다. 이 『화엄경』 간행불사에 뜻을 같이하여 적극 후원해주신 스님들과 재가 불자님들께 깊이 감사드립니다. 또한 『화엄경』을 수지 독송할 수 있도록 경책의 모습으로 장엄해 주신 편집위원들과 담앤북스 출판사 관계자들께도 고마움을 표합니다.

끝으로 이 불사의 원만 회향으로 『화엄경』이 널리 유통되고, 온 법계에 부처님의 가피가 충만하시길 기원드립니다.

나무 대방광불화엄경

불기 2564년 '부처님오신날'을 봉축하며
수미해주 합장

위태천신(동진보살)

수미해주 *須彌海住*

동국대학교 명예교수
중앙승가대학교 법인이사
대한불교조계종 수미정사 주지

독송본 한문·한글역

대방광불화엄경 제25권

| **초판 1쇄 발행_** 2022년 6월 24일

| **엮은이_** 수미해주
| **엮은곳_** 수미정사 불전연구원
| **편집위원_** 해주 수정 경진 선초 정천 석도 박보람 최원섭
| **편집보_** 무이 무진 지욱 혜명

| **펴낸이_** 오세룡
| **펴낸곳_** 담앤북스
서울특별시 종로구 새문안로3길 23 경희궁의 아침 4단지 805호
대표전화 02)765-1251 전자우편 damnbooks@hanmail.net
출판등록 제300-2011-115호
| ISBN_ 979-11-6201-047-1 04220

정가 15,000원